③ 관리가 합격의 차이!
해커스이기에 가능한 단기합격 관리 시스템

업계 단독! 어디서도 볼 수 없었던
논술 끝장 집중케어 시스템

실전 대비 필수 코스!
해커스 전국 실전 무료 모의고사

수강생이라면 누구나! 1:1 집중케어
교수님께 질문하기 서비스

카톡, 전화로 언제 어디서나!
1:1 전문 상담진과 학습 상담

해커스행정사
핵심이론 강의 20% 할인권
K3D8D65CK0FE0000

이용 경로
해커스행정사(adm.Hackers.com) 접속 후 로그인 ▶
메인페이지 우측 하단 [쿠폰&수강권 등록] 입력란에 쿠폰번호 등록 후 이용

* 유효기간: 2026년 12월 31일까지(등록 후 7일간 사용 가능)

▲ 쿠폰 등록 바로가기

해커스행정사
쌩기초특강 무료 수강권

이용 경로
해커스행정사(adm.Hackers.com) 접속 후 로그인 ▶
사이트 메인 상단의 [이벤트] 클릭 ▶
[★쌩기초특강 전과목 무료!] 배너 클릭 후 수강 신청 ▶
[마이클래스 - 패스 강좌]에서 강의 수강

* 신청 후 15일간 수강 가능(매일 선착순 100명 제공, ID당 1회에 한해 이용 가능)

▲ 지금 바로 무료 수강

한 번에 합격! 해커스행정사 adm.Hackers.com

해커스행정사
박결
민법총칙

1차 핵심요약집

박결

약력

현 | 해커스행정사 민법총칙, 민법 계약법 강의
해커스노무사 민법 강의
해커스 공인중개사 민법 및 민사특별법 강의
전 | 해커스공무원 법원직 민법 강의

저서

해커스행정사 박결 민법총칙 1차 기본서
해커스행정사 박결 민법총칙 1차 핵심요약집
해커스노무사 박결 민법 기본서
해커스노무사 박결 민법 객관식 기출문제집

서문

예비행사 여러분의 합격, 건승을 진심으로 기원합니다.
합격으로 가는 첫 번째 관문인 행정사 1차 시험의 민법총칙 과목을 가장 효율적으로 극복할 수 있는 솔루션을 여러분께 선보이게 되어 영광입니다.

민법총칙은 사법관계를 규율하는 방대한 민법의 한 부분입니다. 따라서 민법총칙을 이해하기 위해서는 민법의 다른 부분에 대한 이해도 필요하기 때문에, 학습의 양이 매우 많은 과목입니다. 따라서 『해커스행정사 민법총칙 핵심요약집』은 민법총칙 과목에서 여러분이 최소 시간을 투자하여 최대의 효율을 낼 수 있도록 심사숙고하여 집필되었습니다.

『해커스행정사 민법총칙 핵심요약집』은 다음과 같은 특징이 있습니다.

첫째, "딱 한 권이라면 이것이다."라는 목표로 집필되었습니다.
민법총칙은 객관식, 절대평가 과목이므로 조문과 판례의 결론을 이해하고 기억하는 수험형 학습이 절대적으로 필요합니다. 따라서 표와 그림으로 각 파트의 법리를 자연스럽고 유기적으로 제시하여 최소 분량으로도 자연스럽게 민법총칙의 법리를 체화할 수 있도록 구성되었습니다.

둘째, 기출문제를 철저히 분석한, 최신 경향에 최적화된 교재입니다.
최근 13년간의 행정사 시험 기출문제는 물론, 산업인력공단에서 출제한 다른 시험의 민법 객관식 문제까지 모두 분석하여 자주 출제되는 조문과 핵심 판례를 빠짐없이 담았습니다. 특히 행정사 시험에서 출제되었던 모든 지문과 출제가능성 있는 내용을 "빈출지문 총정리" 코너로 정리하여 객관식 시험 대비 교재의 최적화에 만전을 기했습니다.

셋째, 회독하기 좋은 자료를 만들고자 하였습니다.
요약서는 반복 회독을 하기 위한 교재입니다. 이에 따라 전체적인 논리흐름을 깨지 않으면서도 장황한 설명이 될 수 있는 판례의 자세한 설명은 과감하게 제거하고, 동시에 꼭 알아야 하는 핵심내용을 일목요연하게 구성하여 여러 번 볼수록 효율이 좋아지는 체계로 구성하였습니다.

더불어 행정사 시험 전문 사이트 해커스행정사(adm.Hackers.com)에서 교재 학습 중 궁금한 점을 나누고, 다양한 무료 학습 자료를 함께 이용하여 학습효과를 극대화할 수 있습니다. 모쪼록 본서가 여러분의 빛나는 성취로 나아가는 긴 여정에 좋은 동반자가 되었으면 합니다. 끝으로 본서가 세상의 빛을 볼 수 있도록 많은 도움을 주신 해커스 학원 및 편집팀 분들께 큰 감사의 인사를 올리며, 오늘도 언제나처럼 강의실에서 최선을 다하겠습니다.

2025년 8월
관악산 기슭 결정적민사법 연구소에서
편저자 박결 배상

목차

이 책의 구성	6
행정사 시험안내	8
출제경향분석 및 수험대책	10

제1장 민법 서론

제1절 민법의 의의	14
제2절 민법의 법원(法源)	15

제2장 법률관계와 권리·의무

제1절 법률관계와 권리·의무	20
제2절 신의성실의 원칙	21

제3장 권리의 주체

제1절 민법상의 능력	30
제2절 자연인	30
제3절 법인	44

제4장 권리의 객체

제1절 물건	62
제2절 구체적 물건의 모습	62

제5장 권리의 변동

제1절 권리변동 68
제2절 법률행위 69
제3절 기간 116
제4절 소멸시효 118

이 책의 구성

꼭 알아야 하는 필수개념 압축정리!

행정사 1차 시험 대비를 위한 필수개념만을 압축정리하여, 민법총칙 과목을 단기간에 효과적으로 학습할 수 있도록 구성하였습니다.

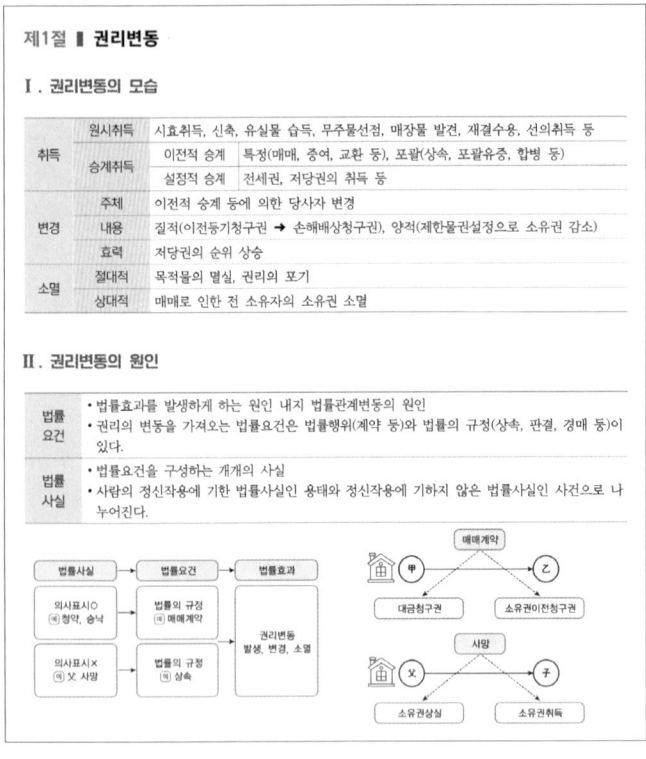

1. 출제 가능성이 높은 핵심이론을 선별하여, 시험에 나올 내용만을 단기간에 집중적으로 학습할 수 있습니다.

2. 최근 개정된 법령을 교재 내 이론에 전면 반영하여 학습 시점에 맞는 정확한 내용으로 학습할 수 있습니다.

3. 복잡하거나 이해하기 어려운 내용은 도식화하여 쉽게 이해하고 효과적으로 암기할 수 있으며, 헷갈리는 이론은 표를 통해 쉽게 비교하고 정리할 수 있습니다.

2026 해커스행정사 박결 민법총칙
1차 핵심요약집

다양한 학습장치를 통한 효율적인 학습!

압축 이론을 빠르게 정리하고 반복할 수 있도록, 다양한 학습장치를 통해 실전 대비에 효과적인 구조로 구성하였습니다.

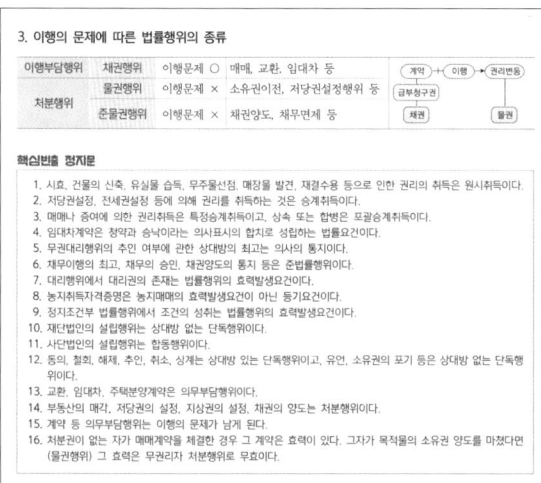

1. 핵심빈출 정지문
압축 이론과 관련된 주요 빈출 정지문을 "핵심빈출 정지문" 코너로 선별하여, 이론과 기출지문을 함께 학습할 수 있습니다.

I. 법원의 의의	
조문	제1조【법원】 민사에 관하여 법률에 규정이 없으면 관습법에 의하고 관습법이 없으면 조리에 의한다. 제106조【사실인 관습】 법령 중의 선량한 풍속 기타 사회질서에 관계없는 규정과 다른 관습이 있는 경우에 당사자의 의사가 명확하지 아니한 때에는 그 관습에 의한다.
의의	• 법원(法源)이란, 민사 분쟁에 대하여 적용하여야 할 기준을 말한다. • 민법 제1조는 ① 민사적 법률관계에 관하여 적용되는 법원의 종류, ② 그 적용 순서, ③ 성문법주의를 취하고 있음을 밝히고 있다.

2. 조문
반드시 알아야 할 조문을 이론과 연계하여 수록하였습니다. 이를 통해 단순 암기를 넘어 이론을 유기적으로 연계하여 학습할 수 있도록 구성하였습니다.

II. 근대민법의 3대 원리		
	당사자 의사에 의해 계약에 관한 민법 규정과 다른 약정을 할 수 있다.	
	내용	원칙의 수정
사적자치의 원칙	계약체결의 자유	체결강제(지상물매수청구권 등)
	상대방 선택의 자유	상대방 강제(근로권 등)
	계약내용결정의 자유	강행법규(이자제한법)
	계약방식의 자유	요식행위(유언 등)
소유권우위의 원칙	• 소유권은 강한 보호받음 • 소유권의 대상을 자유롭게 사용·수익·처분할 수 있음 • 물권법정주의(제185조)	
과실책임의 원칙	책임을 묻기 위해서는 고의·과실(귀책사유)가 필요함	

3. Tip
학습 시 주의해야 할 내용이나 헷갈리기 쉬운 이론은 "Tip"을 통해 한 번 더 설명하였습니다. 이를 통해 세부적인 내용까지 꼼꼼히 확인하고 정리할 수 있습니다.

행정사 시험안내

▎원서 접수방법

- 국가자격시험 행정사 홈페이지(www.Q-net.or.kr/site/haengjung)에 접속하여 소정의 절차를 거쳐 원서를 접수합니다.
- 인터넷 원서 접수 시 최근 6개월 이내에 촬영한 본인의 여권용 사진(300×400 이상, dpi 300 권장, JPG, 용량 200KB 이하)을 등록합니다.
- 응시 수수료는 1차 25,000원, 2차 40,000원입니다.
  *2025년 제13회 행정사 시험 일반응시자 기준

▎시험 과목 및 시간

차수 및 교시		시험 과목		문항 수	시간
1차	1교시	• 민법(총칙 관련 내용으로 한정) • 행정법 • 행정학개론(지방자치행정 포함)		과목당 25문항 (총 75문항)	75분 (09:30~10:45)
2차	1교시	• 민법(계약 관련 내용으로 한정) • 행정절차론(행정절차법 포함)		과목당 4문항 (논술 1문제, 약술 3문제)	100분 (09:30~11:10)
	2교시	[공통] 사무관리론(민원처리에 관한 법률, 행정업무의 운영 및 혁신에 관한 규정 포함)	[선택(택1)] • 행정사실무법(행정심판사례, 비송사건절차법) • 해사실무법(선박안전법, 해운법, 해사안전기본법, 해상교통안전법, 해양사고의 조사 및 심판에 관한 법률) • 해당 외국어(외국어능력검정시험으로 대체)		일반·해사 100분 (11:40~13:20) 외국어번역 50분 (11:40~12:30)

2026 해커스행정사 박결 민법총칙
1차 핵심요약집

▌시험일정 및 방법

구분	2025년 제13회 1차	2025년 제13회 2차
시험일정	2025년 5월 31일(토)	2025년 9월 27일(토)
합격자 발표	2025년 7월 2일(수)	2025년 12월 10일(수)
방법	• 객관식 5지 선택형 • 국가전문자격 공통 표준형카드에 답안 작성	• 논술형 및 약술형 • 국가전문자격 주관식 답안지에 답안 작성

*2025년 제13회 행정사 시험 기준
*정확한 일정은 국가자격시험 행정사 홈페이지 공지사항 참고

▌최종 정답 및 합격자 발표

최종 정답 발표	인터넷(www.Q-net.or.kr/site/haengjung)을 통하여 확인 가능합니다.
합격자 발표	최종 합격자 발표는 1차 및 2차 시험을 각각 치른 약 한 달 후에 행정사 홈페이지 (www.Q-net.or.kr/site/haengjung) 혹은 ARS(1666-0100, 유료)를 통하여 확인 가능합니다.
합격자 결정 방법	• 제1차 시험과 제2차 시험 합격자는 과목(제2차 시험의 외국어시험은 외국어능력검정시험으로 대체)당 100점을 만점으로 하여 모든 과목의 점수가 40점 이상이고, 전 과목의 평균 점수가 60점 이상인 사람을 합격자로 합니다. • 단, 2차 시험 합격자가 최소 선발인원보다 적은 경우에는 최소 선발인원이 될 때까지 모든 과목의 점수가 40점 이상인 사람 중에서 전 과목 평균 점수가 높은 순으로 합격자를 추가로 결정하고, 이 경우 동점자가 있어 최소 선발인원을 초과하는 경우에는 그 동점자 모두를 합격자로 합니다. • 최소 선발인원이 적용되는 일반·해사행정사(공무원 경력에 의해 2차 시험 일부 과목을 면제받는 응시자 포함) 2차 시험에서 합격자 결정 시, 공무원 경력 일부 과목 면제 합격자 수에 상관없이 일반 응시자가 최소 선발인원에 도달할 때까지 점수 순위에 따라 추가 합격자로 합니다.

출제경향분석 및 수험대책

▌장별 출제비중(제13회~제1회)

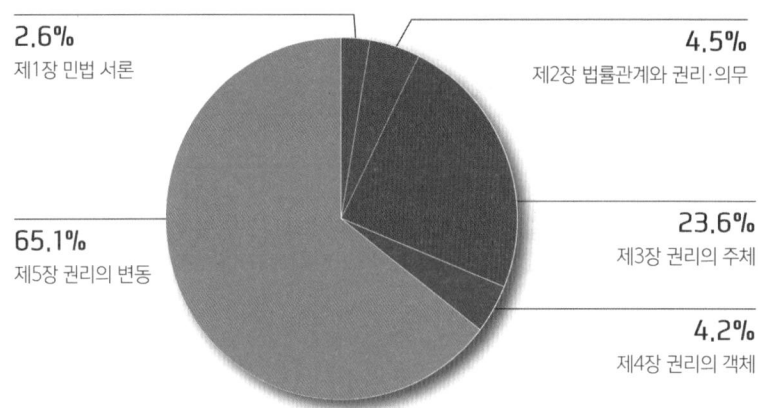

- 2.6% 제1장 민법 서론
- 4.5% 제2장 법률관계와 권리·의무
- 23.6% 제3장 권리의 주체
- 4.2% 제4장 권리의 객체
- 65.1% 제5장 권리의 변동

▌절별 출제비중(제13회~제1회)

구분			출제비율
제1장	제1절 민법의 의의		0.0%
	제2절 민법의 법원(法源)		2.6%
제2장	제1절 법률관계와 권리·의무		0.6%
	제2절 신의성실의 원칙		3.9%
제3장	제1절 민법상의 능력		0.0%
	제2절 자연인		10.8%
	제3절 법인		12.8%
제4장	권리의 객체		4.2%
제5장	제1절 권리의 변동		1.3%
	제2절 법률행위	Ⅰ. 요건	0.3%
		Ⅱ. 목적	7.2%
		Ⅲ. 해석	1.0%
		Ⅳ. 의사표시	12.5%
		Ⅴ. 대리	13.8%
		Ⅵ. 무효·취소	8.9%
		Ⅶ. 부관	4.3%
	제3절 기간		4.3%
	제4절 소멸시효		11.5%

2025년 제13회 민법총칙 총평

1. 제13회 행정사 제1차 시험 민법총칙 과목은 예년 수준으로 평이하게 출제되었습니다. 기출문제를 중심으로 주요 조문과 리딩 판례 위주로 준비했다면 고득점도 충분히 노려볼 수 있었습니다. 다만, 보통 약 50% 정도의 비중을 차지했던 법률행위 파트가 조금 덜 출제되고, 일반적·종합적 사고를 요하는 문제도 출제되었다는 특이점이 있었습니다. 하지만 이것이 수험생을 당황시키거나 불의의 타격이 될 만한 급격한 변화는 전혀 아니었으므로 기본이론 학습과 문제풀이 연습이 잘 되었던 수험생은 큰 어려움 없이 합격의 성취를 얻었을 것이라 생각됩니다.
2. 형식적 난이도를 결정하는 사례형, 박스형 문제가 1문제로 거의 출제되지 않았습니다.
3. 내용적으로 어려움이 될 수 있었던 부분을 살펴본다면, 1번 문제에서는 물권법에서 다루는 지엽적인 판례가 출제되어 수험범위를 넘었다고 평가할 수 있고, 4번 문제는 입증책임의 개념을 이해해야 풀 수 있는 문제였습니다. 그 외에는 큰 어려움이 없이 해결할 수 있는 문제였습니다.

2026년 제14회 민법총칙 수험대책

민법의 전체 체계를 구조적으로 이해하는 접근이 필요합니다. 기출문제를 중심으로 주요조문과 리딩판례 위주로 정리하는 학습방법으로 접근해야 하며, 합격의 지름길은 반복 또 반복입니다.

구분	수험대책
제1장	민법의 법원, 특히 관습법의 성질과 요건에서 1문제가 출제되오니 이를 위주로 정리해야 합니다.
제2장	신의칙의 개념과 그 파생원칙에 관해 1문제 출제되오니 이에 관한 다양한 판례를 위주로 학습해야 합니다.
제3장	자연인에서 3문제, 법인에서 3문제 정도가 매년 출제되는 중요한 부분입니다. 자연인에서는 행위능력을 중심으로 부재자 재산관리, 실종까지 체계적으로 정리하고, 법인에서는 법인의 능력 위주로 비법인사단까지 빠짐없이 공부해야 합니다. 특히 본 장은 민법총칙에서 조문의 중요성이 가장 큰 부분이기도 합니다. 자칫 소홀하기 쉬운 조문도 꼭 챙겨야 합니다.
제4장	매년 권리의 객체에서 1문제가 출제됩니다. 주물과 종물, 원물과 과실에 관한 판례를 반복 숙달해야 합니다.
제5장	• 50% 정도 출제되는 부분입니다. 법률행위의 목적, 의사표시, 대리뿐만 아니라 무효·취소와 부관도 소홀히 하면 안 됩니다. 각 파트에서 반복 출제되는 판례의 양이 매우 많은 부분이므로 무작정 암기하기보다는 유형화, 체계화를 통해 그 많은 판례들을 비교·분석하고 그것을 통해 이해하는 학습전략이 필요합니다. • 기간에서는 매년 1문제가 출제되는데, 유일하게 계산문제가 출제될 수 있는 부분입니다. 리딩케이스를 통해 기간계산을 해낼 수 있어야 합니다. • 소멸시효에서는 요건과 중단으로 나누어 인정되는 경우와 그렇지 않은 경우를 비교분석하여야 합니다.

해커스행정사
adm.Hackers.com

제1장

민법 서론

제1장 민법 서론

제1절 | 민법의 의의

Ⅰ. 민법의 의의

민법은 사인 간의 법률관계를 규율하는 일반법이다.

형식적 의미	민법전(民法典) - 총칙, 물권, 채권, 친족, 상속
실질적 의미	민법은 사법으로서 일반사법이다. • 일반법: 모든 사람, 내용 등에 적용되는 법 ⓣⓘⓟ 특별법 • 사법: 사인의 재산관계와 가족관계를 다루는 법 ⓣⓘⓟ 공법

Ⅱ. 근대민법의 3대 원리

	당사자 의사에 의해 계약에 관한 민법 규정과 다른 약정을 할 수 있다.	
	내용	원칙의 수정
사적자치의 원칙	계약체결의 자유	ⓣⓘⓟ 체결강제(지상물매수청구권 등)
	상대방 선택의 자유	ⓣⓘⓟ 상대방 강제(근로3권 등)
	계약내용결정의 자유	ⓣⓘⓟ 강행법규(이자제한법 등)
	계약방식의 자유	ⓣⓘⓟ 요식행위(유언 등)
소유권우위의 원칙	• 소유권은 강한 보호받음 • 소유권의 대상을 자유롭게 사용·수익·처분할 수 있음 • 물권법정주의(제185조)	
과실책임의 원칙	책임을 묻기 위해서는 고의·과실(귀책사유)이 필요함	

과실책임의 원칙	무과실책임	중과실을 요하는 경우
귀책사유 = 고의/과실	• 법인의 불법행위 • 대리에서의 책임(무권대리인의 상대방에 대한 책임, 법정대리인의 복임행위에 대한 책임) • 담보책임(물건의 하자담보책임, 수급인의 담보책임)	• 법인의 불법행위책임(제35조)에서 (보호받는 상대방 = 선의 / 무중과실) • 착오 취소에서(표의자에게 중과실이 있는 경우 취소 불가 / 단, 상대방이 이를 알면서 이용한 경우에는 취소 가능) • 고의·중과실에 의한 채무불이행 면책 특약은 제103조 위반

제2절 ▎민법의 법원(法源)

Ⅰ. 법원의 의의

조문	제1조【법원】 민사에 관하여 법률에 규정이 없으면 관습법에 의하고 관습법이 없으면 조리에 의한다.
	제106조【사실인 관습】 법령 중의 선량한 풍속 기타 사회질서에 관계없는 규정과 다른 관습이 있는 경우에 당사자의 의사가 명확하지 아니한 때에는 그 관습에 의한다.
의의	• 법원(法源)이란, 민사 분쟁에 대하여 적용하여야 할 기준을 말한다. • 민법 제1조는 ① 민사적 법률관계에 관하여 적용되는 법원의 종류, ② 그 적용 순서, ③ 성문법주의를 취하고 있음을 밝히고 있다.

Ⅱ. 법원의 종류

1. 법률

법률	성문법 전반 = 국회가 제정한 형식적 의미의 법률(민법 및 민사특별법) + 명령, 규칙 + 조례, 조약, 일반적으로 승인된 국제법규 등

2. 관습법

의의	사회의 거듭된 관행으로 생성한 사회생활규범이 사회의 법적확신과 인식에 의하여 법적규범으로 승인·강행되기에 이른 것		
성립요건	① 관행의 존재 ② 법적확신 ➡ (관습법 성립시기) / 법원의 재판(국가승인)은 요건 아님 ③ 헌법을 최상위 규범으로 하는 전체 법질서에 반하지 않고 정당성과 합리성을 가질 것		
효력	보충적 효력: 성문법에 반하지 아니하는 경우에 한하여 보충적인 법원(法源)이 되는 것에 불과		
인정례	인정	명인방법, 관습상의 법정지상권, 분묘기지권, 동산양도담보, 명의신탁	
	부정	사도통행권, 공원이용권, 온천권, 미등기 건물 매수인의 소유권에 준하는 물권 등	
구별개념	구분	관습법	사실인 관습
	법적성질	법원(제1조)	법률행위의 해석기준(제106조)
	성립요건	① 관행 ② 법적확신 ③ 정당성과 합리성	① 관행의 존재(특정집단 足, 법적확인 不要) ② 공서양속에 반하지 않을 것
	효력	법규범(보충적 효력)	단순한 사실
	적용영역	강행규정, 임의규정	임의규정(당사자 의사보충)
	주장·증명	직권조사사항	당사자
	성립시기	법적확신이 있을 때(판결 시 ×)	
	효력상실	법적확신 상실, 전체 법질서 반할 때	

3. 조리

의의	사물의 본성·자연의 이치 등(경험칙, 신의칙 등)
법원성	인정(성별 구별 없이 성년이 되면 당연히 종중의 구성원이 되는 것이 조리에 합당하다)

4. 기타

대법원 판례	성문법주의를 원칙으로 하고 있으므로 판례의 법원성을 부정하는 것이 일반적이다.
헌법재판소 결정	법원 기타 국가기관 및 지방자치단체를 기속하므로 그 결정 내용이 민사에 관한 것이면 민법의 법원으로 기능한다.

핵심빈출 정지문

1. 민사에 관하여 법률에 규정이 없으면 관습법에 의하고 관습법이 없으면 조리에 의한다.
2. 민법 제1조에서의 법률은 국회가 제정한 형식적 의미의 법률뿐만 아니라 명령과 대법원규칙 등을 포함한다.
3. 헌법에 의하여 체결·공포된 조약이나 일반적으로 승인된 국제법규가 민사에 관한 것이라면 민법의 법원이 될 수 있다.
4. 대법원의 판례는 민법의 법원이 될 수 없다.
5. 민사에 관한 헌법재판소의 결정은 민법의 법원이 될 수 있다.
6. 관습법은 헌법을 최상위규범으로 하는 전체 법질서에 반하지 않고 정당성과 합리성이 있어야 한다.
7. 관습법은 사회의 거듭된 관행이 사회구성원의 법적 확신에 의하여 법규범으로 승인된 것이다.
8. 헌법을 최상위 규범으로 하는 전체 법질서에 반하는 사회생활규범은 사회의 거듭된 관행으로 생성된 것일지라도 관습법으로서의 효력이 인정될 수 없다.
9. 일단 성립한 관습법이라도 사회 구성원들이 그 관행의 법적 구속력에 대해 확신을 갖지 않게 되면 그 효력이 부정된다.
10. 종래 관습법으로 승인되었더라도 그 관습법을 적용하여야 할 시점에서 전체 법질서에 부합하지 않게 되었다면 법적 규범으로서의 효력이 부정된다.
11. 관습법은 법률에 대하여 열후적·보충적 성격을 가진다.
12. 관습법은 바로 법원(法源)으로서 법령과 같은 효력을 갖는 관습이지만 법령에 저촉하는 관습법은 법칙으로서 효력이 없다.
13. 가정의례준칙(성문법)에 위배되는 관습법의 효력을 인정할 수 없다.
14. 관습법상 미분리과실에 관한 공시방법이 인정된다.
15. 수목의 집단에 대한 공시방법인 명인방법은 판례에 의하여 확인된 공시방법이다.
16. 관습법상 온천권, 사도통행권 등의 권리는 물권 혹은 준물권으로 인정될 수 없다.
17. 미등기 무허가건물의 취득자에게는 소유권에 준하는 관습법상의 물권이 있다고 볼 수 없다.
18. 시효로 관습법상 분묘기지권을 취득한 사람은 토지소유자가 분묘기지에 관한 지료를 청구하면 그 청구한 날부터의 지료를 지급하여야 한다.
19. 법령과 같은 효력을 갖는 관습법은 특별한 사정이 없으면 당사자의 주장·증명을 기다릴 필요 없이 법원이 직권으로 이를 확정하여야 한다.
20. 사실인 관습은 사회의 법적 확신을 결여한 관행에 지나지 않으므로, 법원이 될 수 없다.
21. 사실인 관습은 사회의 관행에 의하여 발생한 사회생활규범인 점에서 관습법과 같다.
22. 사실인 관습은 법령으로서의 효력이 없는 단순한 관행으로서 법률행위의 당사자 의사를 보충함에 그친다.
23. 사실인 관습은 법원(法源)으로서 법령에 저촉되지 않는다 하더라도 법칙으로서의 효력이 없다.
24. 사실인 관습은 그 존재를 당사자가 주장·증명하여야 한다.

25. 사실인 관습은 관련 분야의 제정법이 강행규정이라면 특별한 사정이 없는 한 법률행위의 의사를 보충하는 기능으로서 재판의 자료로 할 수 없다.
26. 임의규정과 다른 관습이 있는 경우에 당사자의 의사가 명확하지 아니한 때에는 그 관습에 의한다.
27. 제정 민법이 시행되기 전에 존재하던 관습 중 "상속회복청구권은 상속이 개시된 날부터 20년이 경과하면 소멸한다."는 내용의 관습은 관습법으로서의 효력을 인정할 수 없다.
28. 자녀의 성(姓)과 본(本)이 모(母)의 성과 본으로 변경되었을 경우, 성년인 그 자녀는 모가 속한 종중의 공동선조와 성과 본을 같이 하는 후손으로서 당연히 종중의 구성원이 된다.
29. 공동선조의 성과 본을 같이 하는 후손은 성별의 구별 없이 성년이 되면 당연히 종중의 구성원이 된다고 보는 것이 조리에 합당하다.

해커스행정사
adm.Hackers.com

제2장

법률관계와 권리·의무

제2장 법률관계와 권리 · 의무

제1절 ▌ 법률관계와 권리 · 의무

Ⅰ. 법률관계

의의	법에 의해 규율되는 생활관계 ➜ 권리 · 의무 관계로 나타남
구별개념 (호의관계)	법적 구속의사 없는 생활관계(법률관계 아님) 예 甲이 호의로 자기 자동차에 乙을 태웠다가 주행 중 교통사고가 났다. • 甲 · 乙 사이에 법률관계가 없다. ➜ 채무불이행 × • 乙의 손해가 甲의 과실에 의해 발생 ➜ 불법행위 ○ 　(호의동승 사실만으로 甲의 책임이 경감되는 것은 아니다)

Ⅱ. 권리와 의무

1. 의의 및 구별개념

권리	의의	구체적 이익을 누릴 수 있도록 법에 의하여 주체에게 주어진 힘
	구별개념	• 권한: 타인을 위해 법률행위를 발생시키게 하는 능력 · 자격(예 대리권, 대표권) • 권능: 권리의 내용을 이루는 개개의 힘(예 소유권자는 처분권능이 있다) • 권원: 특정 행위를 정당화하는 원인(예 타인 물건을 사용할 권원이 있다)
의무	의의	일정한 행위를 하여야 할 또는 하지 않아야 할 법률상의 구속
	구별개념	책무(간접의무): 강제하거나 손해배상책임이 있지는 않지만 준수하지 않으면 일정한 불이익이 있는 것(예 청약자의 승낙연착 통지의무)

2. 권리의 종류

재산권	의의	재화 또는 용역 등으로부터 나오는 사회생활상의 이익을 내용으로 하는 권리
	예	• 물권: 권리자가 목적물을 직접 지배해서 이익을 얻는 배타적 권리 • 채권: 특정인이 타인에 대해 특정한 행위(급부)를 요구할 수 있는 권리 • 기타: 지식재산권(정신적 창작물을 독점으로 이용하는 재산권)
비재산권	의의	주된 이익이 비재산적인 권리
	예	인격권, 가족권 등
청구권	의의	특정인이 다른 특정인에 대하여 일정한 행위를 청구할 수 있는 권리
	예	채권, 물권, 무체재산권 등 모든 권리를 기초로 可

항변권	의의	상대방이 청구권을 행사한 경우, 그 작용을 저지할 수 있는 효력을 갖는 권리
	예	• 연기적 항변권: 동시이행항변권 • 영구적 항변권: 상속인 한정승인의 항변권
형성권	의의	권리자의 일방적인 의사표시에 의하여 법률관계의 변동을 일어나게 하는 권리(상대방의 동의, 승낙 不要)
	예	• 행사방법에 제한이 없는 경우: 동의권, 철회권, 상계권, 추인권, 취소권, 면제권, 해제·해지권 등 • 반드시 재판상으로 행사해야 하는 경우: 채권자취소권 등 • 청구권으로 표현되지만 실질이 형성권인 경우: 지상물매수청구권, 부속물매수청구권, 공유물분할청구권, 차임증감청구권 등

핵심빈출 정지문

1. 대리권은 권리가 아니다.
2. 물권적 청구권은 형성권이 아니다.
3. 취소권, 추인권, 해제권, 해지권, 동의권 등은 형성권이다.
4. 형성권은 상대방에게 그 의사표시가 도달하면 그 상대방의 동의 또는 승낙 없이도 효력이 발생한다.
5. 지상물매수청구권은 청구권으로 표현되지만, 그 실질은 형성권이다.
6. 무권대리인에 대한 본인의 추인권은 형성권이다.
7. 미성년자의 법률행위에 대한 법정대리인의 취소권은 형성권이다.
8. 상계적상에 있는 채무의 대등액에 관한 채무자 일방의 상계권은 형성권이다.
9. 채무불이행을 원인으로 한 계약의 해제권은 형성권이다.

제2절 ▎ 신의성실의 원칙

1. 신의칙 일반

개념	조문	제2조【신의성실】① 권리의 행사와 의무의 이행은 신의에 좇아 성실히 하여야 한다. ② 권리는 남용하지 못한다.
	의의	권리의 행사 또는 의무의 이행 시 상대방의 신뢰에 어긋나지 않도록 성실히 행동하여야 한다는 원칙
성질 및 기능		• 성질: 추상적 일반조항 / 보충적 적용(일반조항으로의 도피 방지) • 기능: 구체적 타당성 실현 / 법률 흠결 보충 / 민법 전 영역에 적용되는 최후의 항변
적용범위		모든 법률관계[재산법 / 가족법 / 강제집행법(경매) / 소송법·행정법규 등 공법 등]
효과		• 신의칙에 反 → 권리남용 → 행사의 효과 없음 • 신의칙에 反 = 강행법규 위반 → 법원의 직권판단 가능(당사자 주장 不要)

	최후수단성	적용 가능한 규정 검토 → 비로소 신의칙 적용 가능
한계	VS 강행법규	• 사적자치의 영역을 넘어 공공질서를 위하여 공익적 요구를 선행시켜야 할 사안인 행정법률 관계에서는 원칙적으로 합법성의 원칙은 신의성실의 원칙보다 우월한 것이므로 신의칙은 합법성 원칙을 희생하여서라도 구체적 신뢰보호의 필요성이 인정되는 경우에 비로소 적용된다. • 원칙: 강행규정을 위반한 법률행위를 한 사람이 스스로 그 무효를 주장하는 것은 신의칙위반이 아니다. • 예외(특별한 사정 있는 경우) 　예 노사합의의 내용이 근로기준법의 강행규정성을 위반한다고 하여 노사합의의 무효 주장에 대하여 예외 없이 신의칙의 적용이 배제되는 것은 아님

2. 신의칙에 반한다는 판례

① 고지의무: 매도인은 인근에 공동묘지 / 쓰레기매립장 존재 사실을 고지할 의무 有
② 부수적 의무로서 안전배려의무 有
  • 사용자는 근로자가 생명, 신체, 건강을 해치지 않도록 필요한 조치를 할 의무 有
  • 숙박업자는 고객에게 안전한 객실을 제공함으로써 고객의 안전을 배려할 보호의무 有
  • 병원은 입원환자의 물품의 도난방지를 위한 적절한 조치 강구할 보호의무 有
  • 기획여행업자는 여행자가 부딪힐지 모르는 위험을 제거할 수단을 강구할 안전배려의무 有
③ 매도인은 목적물을 인도받은 매수인에게 목적물의 반환을 청구할 수 없다.
④ 변호사 보수액이 과도한 경우 신의칙을 이유로 적당한 범위로 제한될 수 있다.
⑤ 과거의 양육비를 한꺼번에 청구한 경우 예상치 못한 비용이 부담되므로 신의칙이 적용될 수 있다.

3. 신의칙에 반하지 않는다는 판례

① VS 강행법규
  • 국토의 계획 및 이용에 관한 법률상 토지거래허가절차를 스스로 회피하여 거래가 무효가 된 경우 그 자가 스스로 무효를 주장하였다 하여 신의칙 위반이 되는 것은 아니다.
  • 투자회사가 증권거래법을 위반하여 수익보장 약정을 하고, 후에 새삼 스스로 수익보장의 무효를 주장하는 것도 신의칙 위반이 아니다.
  • 사립학교법을 위반한 학교법인의 기본재산 처분행위를 한 학교법인이 후에 계약 무효주장을 했더라도 신의칙 위반이 아니다.
  • 법정대리인의 동의를 받지 않은 미성년자가 매매계약을 체결한 후, 미성년자 또는 법정대리인은 미성년자라는 이유로 계약을 적법하게 취소할 수 있다(미성년자 보호규정은 강행규정이다).

② 매매계약 해제 시 매도인을 위한 손해배상액의 예정조항은 있는 반면 매수인을 위한 조항이 없다 하더라도 신의칙에 반하는 것은 아니다.

③ 채권자가 주채무자인 회사의 이사가 아닌 대표이사의 처(감사)와 연대보증계약을 체결한 것이 신의칙 위반으로 볼 수 없다.

4. 사정변경의 원칙

인정 여부	• 계속적 계약 ➜ 인정 • 일시적 계약: 종래 판례(부정) ➜ 변경 판례(가능)
의의 및 요건	• 계약성립 기초사정 변경(현저 / 객관) • 예견불가능성 / 귀책사유 無 • 유지시키는 것이 신의칙에 反
효과	(1차) 계약수정 시도 ➜ (2차) 해제 또는 해지로 계약에서 해방

판례	① A회사 甲이사가 회사 채무의 연대보증을 한 경우
	  • 퇴사라는 현저한 사정변경이 있으면 연대보증 계약해지 가능
	  • 채무와 변제기가 특정되어 있는 확정채무라면 해지 불가
	② 임대차에서 차임불증액 특약이 있어도 유지시키는 것이 신의칙에 반하면 해지 가능

5. 자기모순 금지의 원칙(금반언의 원칙)

의의 및 요건	• 甲 선행행위 + 상대방 乙 신뢰 ➜ 甲 후행행위가 선행행위와 모순 • 후행행위를 인정하는 것이 신의칙 위반으로 평가되는 경우
긍정 례	• 무권대리인이 본인상속 후 본인의 상속인 지위에서 추인을 거절하는 경우 • 취득시효 완성 후 권리 불행사 약정을 한 후, 나중에 시효취득 주장하는 경우 • 임차인이 임대인의 채권자에게 무상거주 확인서를 작성해준 후 대항력 주장하는 경우 • 퇴직금 수령 후 오랜 시간 지난 후 해고효력 부존재 소송을 제기한 경우
부정 례	강행규정 > 신의칙

6. 실효의 원칙

의의 및 요건	• 甲 권리행사 기회 有 + 상당기간 불행사 + 상대방 乙 신뢰 ➜ 甲 권리행사 • 甲의 권리행사가 신의칙 위반으로 평가되는 경우
효과	甲의 권리 자체가 소멸 × / 권리행사가 효력 없음 ➜ 乙은 의무를 면하게 된다.

적용범위	① 원칙: 모든 권리
	  • 사법상 권리(채권, 형성권) / 공법상 권리
	  • 근로관계법상 권리(예 해고무효확인)
	  • 소송법상 권리(예 소권, 항소권)
	② 예외: 소유권, 친권, 인지청구권 등과 같이 배타적·항구적 권리는 그 권리의 본질과 배치되지 아니하는 범위 내에서만 인정된다.

7. 권리남용금지의 원칙

의의	법률상 부여된 권리를 그 목적에 반하게 이용하는 경우, 그 부당한 권리행사의 효력을 인정하지 않는 원칙
적용범위	소유권, 소권, 항변권, 형성권 등
요건	① 객관적 요건 　　㉠ 권리의 존재 및 행사 　　㉡ 권리행사가 정당이익 결여 또는 사회질서 위반 ② 주관적 요건 　　㉠ 가해의사(오직 고통과 손해를 위한 행위의사) 要 　　㉡ 객관적 요건이 만족되면 가해의사가 추인됨 ③ 주관적 요건이 반드시 필요하지 않은 경우: 예 항변권, 상계권, 상표권, 유치권
효과	권리남용 시 권리행사 제한(소멸 ×) = 권리행사에 따른 법률효과 발생 ×
긍정례	• 외국에 있는 딸이 자기 집에 거주하는 부친에게 명도청구한 경우 • 공로로 제공되어 소유권이 제한받는 도로에 소유권자가 도로철거한 경우 • 극히 일부의 지상건물이 자기 토지에 건축되었다고 철거청구한 경우 • 토지수용 후 변전소를 건설했으나 후에 수용이 실효되자, 매수청구를 거부하고 철거요구한 경우 • 주로 자기채무이행을 회피하기 위한 수단으로 동시이행항변권을 행사하는 경우
부정례	• 송전선 설치 사실을 알면서 토지매수 13년 후 철거청구(보상계획 없었음) • 송전선 설치 후 토지소유자가 장기간 10년 이의신청하지 않았으나 보상청구한 경우 • 피상속인 생존 시 상속포기를 약속하였으나 상속이 발생한 후 포기하지 않은 경우

핵심빈출 정지문

1. 신의칙이란 "법률관계의 당사자는 상대방의 이익을 고려하여 형평에 어긋나거나 신의를 저버리는 내용 또는 방법으로 권리를 행사하거나 의무를 이행하여서는 안 된다."는 추상적 규범을 말한다.
2. 신의성실의 원칙에 반하는 것 또는 권리남용은 강행규정에 위배되는 것이므로 당사자의 주장이 없더라도 법원은 직권으로 판단할 수 있다.
3. 당사자 간의 합의로 한 신의성실의 원칙 또는 권리남용금지의 원칙의 적용을 배제하기로 하는 특약은 허용되지 않는다.
4. 강행법규에 위반한 자가 스스로 그 약정의 무효를 주장한다 하더라도 특별한 사정이 없는 한 신의성실의 원칙에 반하는 것은 아니다.
5. 제한능력자의 행위라는 이유로 법률행위를 취소하는 것은 신의성실의 원칙에 위배되지 않는다.
6. 법정대리인의 동의 없이 신용구매계약을 체결한 미성년자가 나중에 법정대리인의 동의 없음을 이유로 그 계약을 취소하는 것은 신의칙에 반하지 않는다.
7. 국토의 계획 및 이용에 관한 법률이 정하는 거래허가를 받지 않고 토지매매계약을 체결(∵ 강행규정)한 당사자가 스스로 그 계약의 무효를 주장할 수 있다(신의칙에 반하지 않는다).
8. 노사합의의 내용이 근로기준법의 강행규정을 위반한다고 하여 노사합의의 무효 주장에 대하여 예외 없이 신의칙의 적용이 배제되는 것은 아니다.
9. 사적 자치의 영역을 넘어 공공질서를 위하여 공익적 요구를 선행시켜야 할 사안에서는 원칙적으로 합법성의 원칙이 신의칙보다 우월하다.
10. 신의성실의 원칙은 합법성의 원칙을 희생하여서라도 구체적으로 신뢰보호의 필요성이 있는 경우에 예외적으로 적용된다.

11. 일반 행정법률관계에서 관청의 행위에 대하여 신의칙이 적용되기 위해서는 합법성의 원칙을 희생하여서라도 처분의 상대방의 신뢰를 보호함이 정의관념에 부합하는 특별한 사정이 있을 때 예외적으로 적용된다.
12. 아파트 분양자는 단지 인근에 쓰레기 매립장이 건설 예정인 사실을 분양계약자에게 고지할 신의칙상 고지의무가 있다.
13. 채권자는 물상보증인이 되려는 자에게 주채무자의 신용상태를 조사해서 고지할 신의칙상 의무를 부담하지 않는다.
14. 사용자는 피용자에 대하여 특약이 없더라도 신의칙상 피용자의 안전을 배려할 보호의무를 진다[= 일시사용을 위한 임대차의 임대인(숙박업자), 병원, 여행계약의 여행주최자, 근로계약의 사용자].
15. 신의칙은 사적자치가 존중되는 계약법상의 채권관계에서는 물론 강행법규인 물권법정주의가 엄격히 지켜지는 물권관계에서도 적용되는 것이 원칙이다.
16. 신의칙에 반하는 소권이나 항소권 등 소송법상의 행사, 소멸시효완성의 주장은 허용되지 않는다.
17. 민법 제135조 제1항에 의해 계약이행의 책임이 있는 무권대리인이 본인의 지위를 상속한 후 본인의 지위에서 추인거절권을 행사하는 것은 신의칙에 반한다(금반언).
18. 사적 자치나 계약자유도 신의칙에 따라 제한될 수 있다.
19. 채권자가 유효하게 성립한 계약에 따른 급부의 이행을 청구하는 경우, 법원이 신의칙에 의하여 그 급부의 일부를 감축하는 것은 원칙적으로 허용되지 않는다.
20. 계약의 성립에 기초가 된 사정이 현저히 변경되어 일방당사자가 계약목적을 달성할 수 없게 된 경우에 특별한 사정이 없는 한 신의성실의 원칙상 계약을 해제할 수 있다.
21. 사정변경으로 인한 계약해제에서 말하는 사정이라 함은 계약의 기초가 되었던 객관적 사정을 말한다(일방 당사자의 주관적 또는 개인적 사정 ×).
22. 사정변경이 해제권을 취득하는 당사자의 책임 있는 사유로 생긴 경우에는 그 당사자는 사정변경을 이유로 계약을 해제할 수 없다(예측가능성 및 귀책사유가 없어야 한다).
23. 차임불증액 특약이 있더라도 사정변경에 따라 임대인의 차임증액청구권이 인정될 수 있다.
24. 취득시효완성 후 그 사실을 모르고 권리를 주장하지 않기로 하였다가 후에 시효취득의 주장을 하는 것은 특별한 사정이 없는 한 신의칙상 허용되지 않는다.
25. 이사의 지위에서 부득이 회사의 계속적 거래관계로 인한 불확정한 채무에 대하여 보증인이 된 자가 이사의 지위를 떠난 경우 특별한 사정이 없는 한 사정변경을 이유로 보증계약을 해지할 수 있다.
26. 이사가 회사 재직 중에 채무액과 변제기가 특정되어 있는 회사채무를 보증한 후 사임한 경우, 그 이사는 사정변경을 이유로 그 보증계약을 일방적으로 해지할 수 없다.
27. (계속적 보증이 아닌) 특정채무를 보증하는 일반보증의 경우에도 채권자의 권리행사가 신의성실의 원칙에 비추어 용납할 수 없는 성질의 것일 때 한하여 보증인의 책임은 사정변경의 원칙에 의해 예외적으로 제한될 수 있다.
28. 인지청구권(본인의 일신전속적인 신분관계상의 권리로서 포기할 수 없는 것이므로)에는 실효의 법리가 적용되지 않는다.
29. 종전 토지소유자가 자신의 권리를 행사하지 않았다는 사정은 그 토지의 소유권을 적법하게 취득한 새로운 권리자에게 실효의 원칙을 적용함에 있어서 고려되어서는 안 된다.
30. 토지소유자는 그 점유자에 대하여 부당이득반환청구권을 가지는데, 이를 장기간 적극적으로 행사하지 아니하였다는 사정만으로는 부당이득반환청구권이 실효의 원칙에 따라 소멸하였다고 볼 수 없다.
31. 매매계약 후 9년이 지났고 시가가 올랐다는 사정만으로 매수인의 소유권이전등기청구가 신의칙에 위배된다고 할 수 없다.
32. 실효의 법리는 법의 일반원리인 신의성실의 원칙에 바탕을 둔 파생원칙인 것이므로, 공법관계(권력관계)에도 적용된다.
33. (원칙) 권리남용이 인정되는 경우 그 권리행사에 제한이 있을 뿐, 그 권리 자체가 박탈되는 것은 아닌 것이 원칙이다.
34. (예외) 친권을 남용하면 친권의 상실선고로 친권을 박탈시킬 수 있다.
35. 권리남용의 주관적 요건은 정당한 이익을 결여한 권리행사로 보여지는 객관적인 사정에 의하여 추인할 수 있다(상계권, 상표권, 항변권 등은 주관적 의사 불요).

36. (권리남용에는 주관적 요건이 필요하므로) 권리의 행사로 권리자가 얻는 이익보다 상대방이 잃는 이익이 현저하게 크다는 사정만으로 권리남용이 인정되는 것은 아니다.
37. 확정판결에 따른 강제집행도 특별한 사정이 있으면 권리남용이 될 수 있다.
38. 송전선이 토지 위를 통과하고 있다는 점을 알면서 그 토지를 시가대로 취득하였다 하더라도 그 자의 송전선 철거 청구가 신의성실의 원칙이나 권리남용으로 허용될 수 없다고 할 수 없다.
39. 국가에게 국민을 보호할 의무가 있다는 사유만으로 국가가 소멸시효의 완성을 주장하는 것 자체가 신의성실의 원칙에 반하여 권리남용에 해당한다고 할 수는 없다.
40. 주로 자기의 채무 이행만을 회피하기 위한 수단으로 동시이행항변권을 행사하는 경우, 그 항변권의 행사는 권리남용이 될 수 있다.

adm.Hackers.com

해커스행정사
adm.Hackers.com

제3장

권리의 주체

제3장 권리의 주체

제1절 ▮ 민법상의 능력

강행규정성	민법상의 능력에 관한 규정은 강행규정이므로 당사자가 특약으로 달리 정할 수 없다.
권리능력	권리와 의무의 주체가 될 수 있는 자격(자연인과 법인)
의사능력	자신의 행위의 의미나 결과를 정상적인 인식력과 예기력을 바탕으로 합리적으로 판단할 수 있는 정신적 능력 또는 지능(의사무능력자의 행위 ➔ 무효)
행위능력	단독으로 유효한 법률행위를 할 수 있는 능력(제한능력자의 행위 ➔ 취소 가능)
책임능력	불법행위의 책임을 부담할 수 있는 능력

제2절 ▮ 자연인

Ⅰ. 권리능력

1. 발생과 소멸

조문	제3조【권리능력의 존속기간】 사람은 생존한 동안 권리와 의무의 주체가 된다.
생존의 의미	① 시기: 자연인은 출생한 때부터 권리능력을 취득한다(전부노출설). ② 종기 　• 자연인은 오직 사망으로만 권리능력을 잃는다. 　• 장기 등 이식에 관한 법률에 의한 뇌사는 사망으로 보지 않는다. ③ 출생신고, 사망신고는 보고적 신고에 불과하므로 권리능력에 영향이 없다.

2. 태아의 권리능력

보호방식		중요한 법률관계에 한정하여 개별적으로 출생한 것으로 보는 개별적 보호주의
민법 규정	긍정	① (태아가 직접 피해자가 되는) 불법행위에 기한 손해배상청구권 　• 예 父의 사망에 관한 태아 자신의 위자료청구권 　• 예 태아 자신이 입은 신체적·재산적 손해배상청구권 ② 상속 ③ 유증 ④ 인지
	부정	① 사인증여 ② 인지청구권

권리능력 취득시기	① 판례인 정지조건설에 따르면 살아서 출생한 경우 소급하여 권리능력이 있다. • 태아인 동안에 권리능력 없음 • 법정대리인이 있을 수 없음 ② 태아가 사산한 경우 어느 입장에 따르더라도 태아의 권리능력은 인정되지 않는다.

3. 사망의 입증곤란을 구제하기 위한 제도

동시사망의 추정	조문	제30조【동시사망】2인 이상이 동일한 위난으로 사망한 경우에는 동시에 사망한 것으로 추정한다.
	요건	2인 이상이 동일한 위난으로 사망
	효과	• 동시사망자 사이에는 상속이 발생하지 않는다. / 대습상속은 발생 • 추정이므로 반증에 의해 복멸 가능
인정사망		• 사망의 확증은 없지만 사망이 확실시되는 경우 • 관공서 보고 및 가족관계등록부에 사망의 기재 → 강한 사망추정적 효과 인정
실종선고		후술(p.42 Ⅵ. 실종선고 참고)

Ⅱ. 의사능력

의의 및 판단기준	• 자신의 행위의 의미나 결과를 정상적인 인식력과 예기력을 바탕으로 합리적으로 판단할 수 있는 정신적 능력 또는 지능 • 구체적·개별적 판단 TIP 행위능력: 획일적·일반적 판단
효과	• 의사무능력의 법률행위는 절대적 무효 • 의사무능력을 이유로 법률행위가 무효가 되는 경우 수익자의 반환범위 = 현존이익

핵심빈출 정지문

1. 민법상의 능력에 관한 규정은 강행규정이다.
2. 자연인은 출생으로 권리능력을 취득하고 오직 사망에 의해서만 권리능력을 상실한다.
3. 권리능력의 득실은 출생신고, 사망신고의 여부에 의하여 좌우되지 않는다(보고적 신고에 불과).
4. 자연인은 성별·종교·기형 여부 등을 묻지 않고 평등하게 권리능력을 취득한다.
5. 미성년자, 피성년후견인, 피한정후견인도 권리능력이 있다.
6. 2인 이상이 동일한 위난으로 사망한 경우에 동시에 사망한 것으로 추정한다(간주한다 ×, 본다 ×).
7. 동시사망이 추정되는 경우, 사망자 사이에 상속은 일어나지 않으나 대습상속은 인정될 수 있다.
8. 인정사망이란 사망의 확증은 없으나 사망이 확실하다고 인정되는 경우, 가족관계등록부에 사망으로 기재하여 사망을 추정하는 제도이다.
9. 우리나라 민법은 모든 법률관계에 관하여 일반적으로 태아가 출생한 것으로 보지 않고, 중요한 법률관계에 한정하여 개별적으로 출생한 것으로 보는 것으로 규정하고 있다(개별적 보호주의).
10. 외국인은 대한민국의 도선사가 될 수 없다(도선법 제6조).
11. 우리 민법은 외국인의 권리능력에 관하여 명문규정을 두고 있지 않다(외국인은 국제법과 조약이 정하는 바에 의하여 그 지위가 보장된다).
12. 태아는 살아서 출생하는 것을 조건으로 하여 상속개시 시에 소급하여 재산을 상속한다.

13. 태아인 상태에서는 법정대리인이 있을 수 없고, 법정대리인에 의한 수증행위도 할 수 없다.
14. 태아로 있는 동안은 아직 권리능력을 취득하지 못하고 살아서 출생하는 경우에 비로소 권리능력을 취득하게 된다(모체에서 사망한 태아는 불법행위에 의한 손해배상청구권을 갖지 못한다).
15. 父가 상해를 입은 당시 태아였던 자는 후에 출생하였다면 자기 자신의 정신적 고통에 따른 위자료를 청구할 수 있고 / 父의 재산·정신적 손해배상 청구권을 상속하여 청구할 수도 있다.
16. 법이 인정사망, 위난 실종선고 등의 제도 및 그 밖에 보통실종 선고제도를 마련해 놓고 있다 하더라도 같은 자료나 제도에 의함 없이 법원은 사망사실을 인정할 수 있다.
17. 의사능력이란 자신의 행위의 의미나 결과를 정상적인 인식력과 예기력을 바탕으로 합리적으로 판단할 수 있는 정신적 능력 내지 지능을 말한다(일상적, 법률적 의미의 이해).
18. 의사무능력자라도 성년후견개시의 심판을 받지 않은 한 피성년후견인의 취소에 관한 규정을 유추할 수 없다.
19. 의사능력은 행위능력과 달리 구체적인 법률행위와 관련하여 개별적으로 판단한다.
20. 법률행위의 취소에 있어 제한능력자는 그 행위로 인하여 받은 이익이 현존하는 한도에서 상환할 책임이 있다고 규정한 민법 제141조 단서는 의사능력의 흠결을 이유로 법률행위가 무효가 되는 경우에 유추적용될 수 있다.
21. 의사무능력자의 법률행위에 있어서는 그 행위의 무효를 주장하는 자가 의사능력이 없었음을 증명하여야 한다.

Ⅲ. 행위능력

1. 의의 및 취지

의의 및 취지	• 독자적으로 유효하게 법률행위를 할 수 있는 능력 • 제한능력자제도는 거래의 안전을 희생시키는 것을 감수하면서 제한능력자 본인을 보호하는 데 그 목적이 있다.
판단방법	획일적·일반적 판단(미성년자: 나이 / 피후견인: 심판)

2. 미성년자

성년	조문	제4조【성년】사람은 19세로 성년에 이르게 된다. 제826조의2【성년의제】미성년자가 혼인을 한 때에는 성년자로 본다(법률혼).
	나이	출생일을 산입하여 만 나이로 계산(1세 미만은 월로 계산)
	성년의제	혼인을 했을 때에는 성년자로 본다(사법상의 영역 한정).
미성년자 법률행위	조문	제5조【미성년자의 능력】① 미성년자가 법률행위를 함에는 법정대리인의 동의를 얻어야 한다. 그러나 권리만을 얻거나 의무만을 면하는 행위는 그러하지 아니하다. ② 전항의 규정에 위반한 행위는 취소할 수 있다. 제6조【처분을 허락한 재산】법정대리인이 범위를 정하여 처분을 허락한 재산은 미성년자가 임의로 처분할 수 있다. 제7조【동의와 허락의 취소】법정대리인은 미성년자가 아직 법률행위를 하기 전에는 전2조의 동의와 허락을 취소할 수 있다(소급효 없는 철회). 제8조【영업의 허락】① 미성년자가 법정대리인으로부터 허락을 얻은 특정한 영업에 관하여는 성년자와 동일한 행위능력이 있다. ② 법정대리인은 전항의 허락을 취소 또는 제한할 수 있다(철회). 그러나 선의의 제3자에게 대항하지 못한다.

	동의	• 법정대리인의 동의를 얻어야 한다. • 증명책임은 상대방 • 묵시적 동의 가능 • 동의 없는 미성년자 법률행위는 취소 가능(절대적 취소이므로 선의의 제3자에게 대항 가능)
	단독으로 할 수 있는 행위	권리만을 얻거나 의무만을 면하는 행위: 부담 없는 증여의 승낙, 제3자를 위한 계약에서 수익의 의사표시, 채무면제의 청약에 대한 승낙, 증여계약의 해제 등
		법정대리인이 범위를 정하여 처분을 허락한 재산의 임의처분 • 범위 = 재산의 범위(사용목적의 범위 ×) • 처분 = 엄격한 의미의 처분행위 + 후속조치 • 묵시적 허락: 만 18세가 넘은 미성년자가 월 소득범위 내에서 신용구매계약을 체결한 경우 묵시적 허락 인정
		특정한 영업의 허락을 받은 경우 그 영업에 관한 행위 • 특정 = 영업의 종류 특정 • 성년자와 동일한 행위능력 = 법정대리권 소멸
		기타 미성년자가 단독으로 할 수 있는 행위 대리인 / 유언(17세) / 취소권 행사(미성년자일 때 추인 불가) / 임금청구 / 근로계약
법정대리인	주체	• 원칙: 친권자 • 친권자 없을 때: 후견인
	권한	• 동의권: 미성년자가 직접 한 재산상 법률행위에 대하여 동의할 권한이 있다. • 대리권: 미성년자를 대리하여 재산상의 법률행위를 할 권한이 있다. • 취소권: 미성년자가 동의를 얻지 않고 한 법률행위를 취소할 수 있다
	제한	• 친권의 공동행사 • 후견감독인의 동의(후견인이 영업, 금전차용 등의 행위를 할 경우) • 미성년자의 동의(미성년자 본인의 행위를 목적으로 하는 경우) • 이해상반행위

핵심빈출 정지문

1. 행위능력의 유무는 객관적 기준에 의하여 판정된다(성년-19세 / 후견-법원결정).
2. 제한능력을 이유로 법률행위를 취소한 경우 제한능력자는 선·악의를 불문하고 그 행위로 인하여 받은 이익이 현존하는 한도에서 상환할 책임이 있다.
3. 법정대리인이 취소한 미성년자의 법률행위는 처음부터 그 효력이 없는 것으로 본다(취소한 때부터 ×).
4. 법정대리인은 미성년자의 근로계약을 대리할 수 없다.
5. 미성년자의 법률행위에 법정대리인의 동의를 요하도록 하는 규정은 강행규정이다.
6. 미성년자의 법률행위에 대한 법정대리인의 동의(= 범위를 정한 재산치분의 허락)는 묵시적으로도 가능하다.
7. 법정대리인의 동의에 대한 증명책임은 법률행위의 유효를 주장하는 상대방에게 있다.
8. 미성년자가 채무면제계약에 관해 승낙의 의사표시를 하는 것은 법정대리인의 동의가 없어도 확정적으로 유효하다(의무만을 면하는 행위).

9. 미성년자가 경제적으로 유리한 매매계약을 체결하는 경우에도 법정대리인의 동의를 요한다.
10. 미성년자가 법정대리인으로부터 재산처분의 허락을 받았지만 그 재산을 처분하기 전이라면, 법정대리인은 그 허락을 취소(= 철회)할 수 있다.
11. 법정대리인이 재산의 범위를 정하여 미성년자에게 처분을 허락한 경우, (허락이 있다고 능력자가 되는 것은 아니므로) 법정대리인은 그 재산에 관하여 유효한 대리행위를 할 수 있다.
12. 미성년자가 법정대리인으로부터 허락을 얻은 특정한 영업에 관하여는 성년자와 동일한 행위능력이 있다.
13. 법정대리인이 미성년자에게 특정한 영업을 허락한 경우, 법정대리인은 그 영업에 관하여 유효한 대리행위를 할 수 없다.
14. 법정대리인이 미성년자에게 영업을 허락한 후 그 허락을 취소한 경우에 미성년자는 그 영업허락의 취소 전에 그 영업을 위하여 한 상품주문행위를 미성년임을 이유로 취소할 수 없다.
15. 18세가 넘은 미성년자가 월 소득범위 내에서 신용구매계약을 체결한 경우, 스스로 얻고 있던 소득에 대하여는 법정대리인의 묵시적 처분허락이 있었다고 보아야 한다(취소할 수 없다).
16. 미성년자가 법정대리인으로부터 허락을 얻은 영업에 관하여는 법정대리인의 대리권은 소멸한다.
17. 법정대리인이 미성년자에게 영업을 허락함에 있어서는 반드시 그 영업의 종류를 특정하여야 한다.
18. 미성년자의 영업에 대한 법정대리인의 허락의 제한은 선의의 제3자에게는 대항할 수 없다.
19. 법정대리인이 미성년자에게 한 특정한 영업의 허락을 취소하는 경우, 그 취소는 선의의 제3자에게 대항할 수 없다.
20. 혼인(법률혼)한 미성년자가 재산상의 법률행위를 할 때에는 법정대리인의 동의를 요하지 아니한다.
21. 혼인한 미성년자는 공법상의 영역에서는 성년자로 의제되지 않는다.
22. 혼인한 미성년자는 법정대리인의 동의 없이 확정적으로 이혼할 수 있다.
23. 미성년자, 피성년·피한정후견인도 의사능력이 있으면 단독으로 타인의 임의대리인이 될 수 있다.
24. 만 17세인 자는 유효한 유언을 단독으로 할 수 있다.
25. 미성년자는 자신의 노무제공에 따른 임금을 독자적으로 청구할 수 있다.
26. 미성년자가 오직 권리만을 얻거나 의무를 면하는 경우에는 특별한 사정이 없는 한 법정대리인의 동의가 필요하지 않다.
27. 미성년자는 유언(17세), 채무면제의 청약에 대한 승낙, 동의 없이 체결한 계약의 취소, 친권자에 대한 부양료 청구, 임금청구 등은 단독으로 할 수 있으나 부담부증여, 상속에 대한 승인 등은 단독으로 할 수 없다.

3. 민법상 후견제도

후견개시	피성년후견인	피한정후견인	피특정후견인
개시사유	질병, 장애, 노령, 그 밖의 사유로 인한 정신적 제약으로 사무처리 능력이		
	지속적 결여	부족	일시적 후원, 특정사무 후원
청구권자 (본배 4후장)	본인, 배우자, 4촌 이내의 친족, 미성년후견인, 미성년후견감독인, 검사 또는 지방자치단체의 장		
	+ 한정후견인 + 한정후견감독인 + 특정후견인 + 특정후견감독인	+ 성년후견인 + 성년후견감독인 + 특정후견인 + 특정후견감독인	
본인의사	고려 필요하다.		• 반하여 할 수 없음 • 특정후견기간, 사무범위 정해야 함
기타	가정법원은 한정 또는 성년후견개시심판 개시청구가 있어도 감정 또는 충분한 자료를 통해 반대의 결정을 할 수 있다.		

행위능력	피성년후견인	피한정후견인	피특정후견인
유효		동의를 받아야 하는 행위가 아닌 부분	피특정후견인은 제한능력자가 아니다. 따라서 심판이 있어도 행위능력이 제한되지 않는다.
취소 可	동의를 얻어도 취소 가능	• 가정법원은 동의 받아야 하는 행위의 범위를 정할 수 있다. • 동의 없이 범위를 넘은 행위는 취소할 수 있다.	
취소 不可	• 일상생활 + 과도한 대가 ✕ • 가정법원은 취소할 수 없는 피성년후견인의 법률행위의 범위를 정할 수 있다.	일상생활 + 과도한 대가 ✕	
범위변경	본~) + 성후, 성후감 청구 가정법원은 취소할 수 없는 범위를 변경 가능	본~) 한후, 한후감 청구 가정법원은 동의를 받아야 할 수 있는 범위 변경 가능	

종료	피성년후견인	피한정후견인	피특정후견인
사유	개시 원인이 소멸된 경우(정신적 제약 등이 해소)		
청구권자	본배4후장		
절차	가정법원의 종료심판		종료심판 不要
기타	• 피한정후견인 or 피특정후견인에 대하여 성년후견개시 심판을 할 때 • 피성년후견인 or 피특정후견인에 대하여 한정후견개시 심판을 할 때 → 가정법원은 종전의 종료 심판을 한다.		

4. 피성년후견인

성년후견개시 심판	조문	제9조【성년후견개시의 심판】① 가정법원은 질병, 장애, 노령, 그 밖의 사유로 인한 정신적 제약으로 사무를 처리할 능력이 지속적으로 결여된 사람에 대하여 본인, 배우자, 4촌 이내의 친족, 미성년후견인, 미성년후견감독인, 한정후견인, 한정후견감독인, 특정후견인, 특정후견감독인, 검사 또는 지방자치단체의 장의 청구에 의하여 성년후견개시의 심판을 한다. ② 가정법원은 성년후견개시의 심판을 할 때 본인의 의사를 고려하여야 한다.
	의의	피성년후견인: 정신적 제약으로 인해 사무를 처리할 능력이 지속적으로 결여된 이유로 가정법원으로부터 성년후견개시의 심판을 받은 자
	개시의 요건	• 질병 등으로 인한 정신적 제약(신체적 제약 ✕) + 사무처리능력 지속적 결여 • 본배4검장 + 각종 후견인, 후견감독인의 청구(직권 불가) • 심판을 하지 않은 이상 제한능력을 이유로 취소 불가 • 가정법원은 의사의 감정에 기속되지 않고, 없어도 심판 가능

피성년 후견인의 행위능력	조문	제10조【피성년후견인의 행위와 취소】① 피성년후견인의 법률행위는 취소할 수 있다. ② 제1항에도 불구하고 가정법원은 취소할 수 없는 피성년후견인의 법률행위의 범위를 정할 수 있다. ③ 가정법원은 본인, 배우자, 4촌 이내의 친족, 성년후견인, 성년후견감독인, 검사 또는 지방자치단체의 장의 청구에 의하여 제2항의 범위를 변경할 수 있다. ④ 제1항에도 불구하고 일용품의 구입 등 일상생활에 필요하고 그 대가가 과도하지 아니한 법률행위는 성년후견인이 취소할 수 없다.
	취소	① 취소권자: 피성년후견인 또는 성년후견인 ② 취소할 수 없는 경우 • 가정법원은 취소할 수 없는 법률행위의 범위를 정하고 변경할 수 있다. • 일용품의 구입 등 일상생활에 필요하고 그 대가가 과도하지 아니한 법률행위는 취소할 수 없다.
법정대리인	피성년 후견인	• 가정법원은 성년후견개시 심판을 하면서 직권으로 성년후견인을 선임해야 한다. • 권한: 대리권 및 취소권 / 동의권 없음(동의가 있어도 취소 가능) • 감독: 가정법원은 성년후견감독인을 선임할 수 있다.
종료	종료심판	• 원인이 소멸 ➜ 본배4검장 + 후견인, 후견감독인 청구 ➜ 종료심판 • 한정후견개시의 심판을 할 때에도 종전의 성년후견의 종료심판을 한다.
	효과	장래효

5. 피한정후견인

한정후견개시 심판	조문	제12조【한정후견의 심판】① 가정법원은 질병, 장애, 노령, 그 밖의 사유로 인한 정신적 제약으로 사무를 처리할 능력이 부족한 사람에 대하여 본인, 배우자, 4촌 이내의 친족, 미성년후견인, 미성년후견감독인, 성년후견인, 성년후견감독인, 특정후견인, 특정후견감독인, 검사 또는 지방자치단체의 장의 청구에 의하여 한정후견개시의 심판을 한다. ② 한정후견개시의 경우에 제9조 제2항을 준용한다.
	의의	피한정후견인: 정신적 제약으로 인해 사무를 처리할 능력이 부족하여 가정법원으로부터 한정후견개시의 심판을 받은 자
	개시의 요건	• 질병 등으로 인한 정신적 제약(신체적 제약 ✕) + 사무처리능력 부족 • 본배4검장 + 각종 후견인, 후견감독인의 청구(직권 불가) • 심판을 하지 않은 이상 제한능력을 이유로 취소 불가 • 가정법원은 의사의 감정에 기속되지 않고, 없어도 심판 가능
피한정 후견인의 행위능력	조문	제13조【피한정후견인의 행위와 동의】① 가정법원은 피한정후견인이 한정후견인의 동의를 받아야 하는 행위의 범위를 정할 수 있다. ② 가정법원은 본인, 배우자, 4촌 이내의 친족, 한정후견인, 한정후견감독인, 검사 또는 지방자치단체의 장의 청구에 의하여 제1항에 따른 한정후견인의 동의를 받아야만 할 수 있는 행위의 범위를 변경할 수 있다.

		③ 한정후견인의 동의를 필요로 하는 행위에 대하여 한정후견인이 피한정후견인의 이익이 침해될 염려가 있음에도 그 동의를 하지 아니하는 때에는 가정법원은 피한정후견인의 청구에 의하여 한정후견인의 동의를 갈음하는 허가를 할 수 있다. ④ 한정후견인의 동의가 필요한 법률행위를 피한정후견인이 한정후견인의 동의 없이 하였을 때에는 그 법률행위를 취소할 수 있다. 다만, 일용품의 구입 등 일상생활에 필요하고 그 대가가 과도하지 아니한 법률행위에 대하여는 그러하지 아니하다.
	동의 및 취소	① 동의: 가정법원이 동의의 범위를 정하고 변경할 수 있다. ② 취소권자: 피한정후견인 또는 한정후견인 ③ 취소할 수 없는 경우 • 동의 범위 외의 행위는 단독으로 할 수 있다. • 일용품의 구입 등 일상생활에 필요하고 그 대가가 과도하지 아니한 법률행위는 단독으로 할 수 있다.
법정대리인	한정후견인	• 가정법원은 성년후견개시 심판을 하면서 직권으로 한정후견인을 선임해야 한다. • 권한: 대리권 / 취소권 / 동의권 • 감독: 가정법원은 한정후견감독인을 선임할 수 있다.
종료	종료심판	• 원인이 소멸 → 본배4검장 + 후견인, 후견감독인 청구 → 종료심판 • 성년후견개시의 심판을 할 때에도 종전의 한정후견의 종료심판을 한다.
	효과	장래효

6. 피특정후견인

특정후견개시 심판	조문	제14조의2 【특정후견의 심판】 ① 가정법원은 질병, 장애, 노령, 그 밖의 사유로 인한 정신적 제약으로 일시적 후원 또는 특정한 사무에 관한 후원이 필요한 사람에 대하여 본인, 배우자, 4촌 이내의 친족, 미성년후견인, 미성년후견감독인, 검사 또는 지방자치단체의 장의 청구에 의하여 특정후견의 심판을 한다. ② 특정후견은 본인의 의사에 반하여 할 수 없다. ③ 특정후견의 심판을 하는 경우에는 특정후견의 기간 또는 사무의 범위를 정하여야 한다.
	의의	피특정후견인: 정신적 제약으로 일시적 후원 또는 특정한 사무에 관한 후원이 필요한 사람에 대하여 일정한 자들의 청구에 의하여 심판을 받은 자
	개시의 요건	• 질병 등으로 인한 정신적 제약(신체적 제약 ×) + 일시적, 특정사무의 후원 필요 • 본배4검장 + 각종 후견인, 후견감독인의 청구(직권 불가) • 본인의 의사에 반할 수 없다.
행위능력		피특정후견인은 제한능력자가 아니다. 즉, 특정후견의 심판이 있어도 행위능력은 제한되지 않는다.
법정대리인	특정후견인	• 피특정후견인은 제한능력자가 아니므로 특정후견인은 동의권과 취소권이 없다. • 특정후견인이 대리권을 갖는 경우에도 피특정후견인은 스스로 법률행위를 할 수 있다.

7. 제한능력자 상대방 보호

구분	촉구권	철회권	거절권
대상	법률행위	계약	단독행위
상대방	법정대리인 또는 능력자	법정대리인 또는 제한능력자	법정대리인 또는 제한능력자
시기	-	추인이 있기 전까지	추인이 있기 전까지
상대방 주관적 요건	선의·악의	선의	선의·악의

민법의 태도	필요성	제한능력자 법률행위의 상대방의 법적지위의 불안정성 해소
	보호방법	① 일반적 보호방법 • 취소할 수 있는 법률행위의 추인 • 취소권의 단기 제척기간 • 법정추인 ② 제한능력자의 특칙: 촉구권, 철회권, 거절권, 제한능력자의 속임수
촉구권	조문	제15조【제한능력자의 상대방의 확답을 촉구할 권리】① 제한능력자의 상대방은 제한능력자가 능력자가 된 후에 그에게 1개월 이상의 기간을 정하여 그 취소할 수 있는 행위를 추인할 것인지 여부의 확답을 촉구할 수 있다. 능력자로 된 사람이 그 기간 내에 확답을 발송하지 아니하면 그 행위를 추인한 것으로 본다. ② 제한능력자가 아직 능력자가 되지 못한 경우에는 그의 법정대리인에게 제1항의 촉구를 할 수 있고, 법정대리인이 그 정하여진 기간 내에 확답을 발송하지 아니한 경우에는 그 행위를 추인한 것으로 본다. ③ 특별한 절차가 필요한 행위는 그 정하여진 기간 내에 그 절차를 밟은 확답을 발송하지 아니하면 취소한 것으로 본다.
	효과	• 확답이 있는 경우: 확답의 내용에 따라 추인 또는 취소 • 확답을 발하지 않은 경우: 추인한 것으로 본다. 다만 예외적으로 특별한 절차를 요하는 경우에 취소한 것으로 본다.
철회권과 거절권	조문	제16조【제한능력자의 상대방의 철회권과 거절권】① 제한능력자가 맺은 계약은 추인이 있을 때까지 상대방이 그 의사표시를 철회할 수 있다. 다만, 상대방이 계약 당시에 제한능력자임을 알았을 경우에는 그러하지 아니하다. ② 제한능력자의 단독행위는 추인이 있을 때까지 상대방이 거절할 수 있다. ③ 제1항의 철회나 제2항의 거절의 의사표시는 제한능력자에게도 할 수 있다.
제한능력자의 속임수	조문	제17조【제한능력자의 속임수】① 제한능력자가 속임수로써 자기를 능력자로 믿게 한 경우에는 그 행위를 취소할 수 없다. ② 미성년자나 피한정후견인이 속임수로써 법정대리인의 동의가 있는 것으로 믿게 한 경우에도 제1항과 같다.
	요건	• 속임수 = 적극적으로 사기수단 |		
○ (취소 불가)	능력자로 믿게(예 위조신분증 제시)	피성년후견인 = 속임수 인정
	동의 있다고 믿게(예 동의서 제출)	피성년후견인 = 속임수 부정
× (취소 가능)	적극적 사기수단을 쓰지 않은 경우 예 나는 성년이다. 나는 군대에 다녀왔다. 내가 여기 사장이다.		

	• 상대방의 오신 및 인과관계
	• 입증책임: 상대방
효과	• 제한능력자, 대리인은 취소할 수 없다. ➔ 철회권·거절권 행사 불가
	• 사기, 착오 등과 중첩적 적용 가능

핵심빈출 정지문

1. 가정법원은 질병, 장애, 노령, 그 밖의 사유로 인한 정신적 제약으로 사무를 처리할 능력이 부족한 사람에 대하여 일정한 자의 청구로 한정후견개시의 심판을 할 수 있다.
2. 정신적 제약으로 사무를 처리할 능력이 지속적으로 결여된 사람은 그 자신이 단독으로 성년후견개시 심판을 청구할 수 있다.
3. 법인도 성년후견인이 될 수 있다.
4. 검사나 지방자치단체의 장도 한정, 성년, 특정후견의 심판 및 그 종료의 심판을 청구할 수 있다.
5. 가정법원은 청구권자의 청구가 없으면 직권으로 성년후견개시, 한정후견개시의 심판을 할 수 없다.
6. 피성년후견인이 성년후견인의 동의를 얻어 체결한 토지매매계약이라 하더라도 원칙적으로 취소할 수 있다.
7. 성년후견개시의 심판을 받은 자가 취소할 수 없는 범위에 속하는 법률행위를 성년후견인의 동의 없이 한 경우에는 유효한 법률행위가 성립한다.
8. 가정법원은 청구권자의 청구가 없다면 피성년후견인의 취소할 수 없는 법률행위의 범위를 임의로 변경할 수 없다.
9. 가정법원은 취소할 수 없는 피성년후견인의 법률행위의 범위를 정한 경우에도 본인의 청구에 의해 그 범위를 변경할 수 있다.
10. 성년후견개시의 원인이 소멸된 경우, 본인은 가정법원에 성년후견종료의 심판을 청구할 수 있다.
11. 성년후견인은 일용품의 구입 등 일상생활에 필요하고 그 대가가 과도하지 않은 피성년후견인의 법률행위를 취소할 수 없다.
12. 가정법원이 성년후견개시의 심판을 하는 경우 취소할 수 없는 피성년후견인의 법률행위의 범위를 정할 수 있다.
13. 가정법원은 피한정후견인이 한정후견인의 동의를 받아야 하는 행위의 범위를 정할 수 있다.
14. 피한정후견인은 동의를 필요로 하는 행위가 아닌 이상 확정적으로 유효한 법률행위를 할 수 있다.
15. 가정법원이 피한정후견인에 대하여 성년후견개시의 심판을 할 때에 종전의 한정후견의 종료심판을 해야 한다.
16. 가정법원이 피성년후견인 또는 피특정후견인에 대하여 한정후견개시의 심판을 할 때에는 종전의 성년후견 또는 특정후견의 종료심판을 하여야 한다.
17. 가정법원은 성년·한정후견개시의 심판을 할 때 본인의 의사를 고려하여야 한다(단, 본인 의사에 반하여 심판 가능).
18. 특정후견개시의 요건이 갖추어진 경우, 본인은 가정법원에 특정후견개시의 심판을 청구할 수 있다.
19. 특정후견의 심판이 있어도 행위능력은 제한되지 않는다.
20. 가정법원은 본인의 의사에 반하여 특정후견의 심판을 할 수 없다.
21. 특정후견은 특정후견의 심판에서 정한 기간이 경과하면 가정법원의 종료심판 없이도 종료한다.
22. 특정후견의 심판을 하는 경우에는 특정후견의 기간, 사무의 범위를 정하여야 한다.
23. 미성년자의 법정대리인으로 미성년후견인을 두는 경우에 성년후견과는 다르게 한 명으로 제한된다.
24. 상대방이 성년이 된 미성년자에 대하여 1월 이상의 기간을 정하여 추인 여부의 확답을 최고한 것은 유효하다.
25. 제한능력자와 거래한 상대방은 그 자가 능력자가 되기 전에는 법정대리인에게만 확답을 촉구할 수 있다.
26. 상대방의 촉구에 대해 법정대리인 또는 성년자가 된 미성년자가 그 정하여진 기간 내에 확답을 발송하지 아니한 경우에는 그 행위를 추인한 것으로 본다.
27. 제한능력자의 단독행위는 추인이 있을 때까지 상대방이 거절할 수 있다.
28. 미성년자와 계약을 체결한 상대방은 계약 당시 미성년자임을 알았을 경우에는 그 의사표시를 철회할 수 없다.
29. 상대방의 철회나 거절의 의사표시는 제한능력자에게도 할 수 있다.
30. 미성년자가 매매계약을 체결하면서 자기가 사장이라고 말하거나, 동석한 자가 사장이라고 호칭한 사실만으로는 취소권을 배제하는 속임수에 해당하지 않는다(속임수 = 적극적 기망수단 사용한 경우).

31. 상대방이 "성년인가?"라는 질문에 단순히 묵비한 것은 속임수가 아니다.
32. 미성년자가 속임수로 법정대리인의 동의가 있는 것으로 믿게 하고 자신의 부동산을 매도한 경우, 그 매매계약은 취소할 수 없다.
33. 피성년후견인이 매매계약을 체결하면서 후견인의 동의가 있는 것으로 믿도록 속임수를 쓴 경우에도 그 계약을 취소할 수 있다.
34. 미성년자가 속임수를 사용했다는 사실의 입증책임은 이를 주장하는 상대방에게 있다.

Ⅳ. 주소

의의	• 생활의 근거되는 곳을 주소로 한다(제18조 제1항). • 주소는 동시에 두 곳 이상 있을 수 있다(제18조 제2항). • 주민등록지는 주민등록법에 의하여 등록한 장소로서 반드시 주소와 일치하는 것은 아니나 반증이 없는 한 주소로 추정된다.
거소 및 가주소	• 주소를 알 수 없으면 거소를 주소로 본다(제19조). • 국내에 주소 없는 자에 대하여는 국내에 있는 거소를 주소로 본다(제20조). • 어느 행위에 있어서 가주소를 정한 때에는 그 행위에 관하여는 이를 주소로 본다(제21조).
주소의 역할	• 주소는 사람의 생활관계의 근거가 되는 장소적 개념 • 부재 및 실종의 표준(제22조 및 제27조), 변제장소의 기준(제467조), 상속개시지(제998조), 재판관할의 표준(민사소송법 제3조)

Ⅴ. 부재자 재산관리

구분		부재자 선임	법원 선임
법적성질		임의대리인	법정대리인
권한	보존행위	가능	가능
	관리행위	(성질을 변하지 않는 범위에서) 가능	(성질을 변하지 않는 범위에서) 가능
	처분행위	처분권 수여 시 可(법원허가 不要)	• 법원의 (사전, 사후)허가 있을 때 가능 • 허가 있어도 부재자와 무관한 처분행위는 무효
종료		생사불명 + 검사/이해관계인 청구 → 법원 개입 可	• 선임결정 취소 시 권한소멸(기존 처분 유효) • 부재자 사망으로 권한소멸 × • 법원의 실종선고 시 지위 종료 • 부재자 스스로 관리 / 재산관리인 선임

구분	보존행위	관리(이용·개량)행위	처분행위
의미	재산의 현상유지	용법대로 수익창출, 사용가치 증가	재산권 변동, 가치의 직접 이전
예	• 물건의 수선 • 부패하기 쉬운 물건 처분 • 채권의 추심 • 기한도래 채무의 변제 • 미등기 부동산의 등기신청 • 물권적 청구권 행사 • 소멸시효의 중단	• 부동산 임대 • 무이자부를 이자부 소비대차로 지목 변경 • 예금을 주식으로 변경	• 부동산 매각 • 채무의 면제 • 계약의 해제·취소 • 전세권, 저당권의 설정 • 재판상 화해

(TIP) **채무부담행위**: 채무보증, 소비대차, 도급 등

부재자가 재산관리인을 둔 경우	원칙		• 국가는 원칙적으로 간섭하지 않는다. • 부재자 재산관리인은 일종의 임의대리인이다.
	예외		• 본인의 부재 중 관리인의 권한이 소멸한 경우: 처음부터 관리인을 정하지 않은 경우와 같이 취급한다. • 부재자의 생사가 분명하지 아니한 때: 법원은 재산관리인, 이해관계인 또는 검사의 청구에 의하여 재산관리인을 개임할 수 있다.
부재자가 재산관리인을 두지 않은 경우	명령		법원은 이해관계인이나 검사의 청구에 의하여 재산관리에 관하여 필요한 처분을 명하여야 한다. • 이해관계인 = 법률상의 이해관계(예 추정상속인·배우자·보증인 등) • 필요한 처분 = 재산관리인의 선임과 잔류재산의 매각 등
	재산관리인	지위	법원이 선임한 부재자 재산관리인은 일종의 법정대리인이다. 따라서 언제든 사임할 수 있고 법원도 언제든 개임할 수 있다.
		직무	• 법원이 선임한 재산관리인은 관리할 재산목록을 작성하여야 한다. • 법원은 그 선임한 재산관리인에 대하여 부재자의 재산을 보존하기 위하여 필요한 처분을 명할 수 있다. • 부재자의 생사가 분명하지 아니한 경우에 이해관계인이나 검사의 청구가 있는 때에는 법원은 부재자가 정한 재산관리인에게 위의 처분을 명할 수 있다. • 법원은 그 선임한 재산관리인으로 하여금 재산의 관리 및 반환에 관하여 상당한 담보를 제공하게 할 수 있다.
		권한	• 관리행위는 자유롭게 할 수 있다. • 처분행위는 법원의 허가를 받아야 한다(허가 없으면 무권대리). • 매각허가 후 담보제공 시 다시 허가는 필요 없다. • 매각방법에 제한이 없다면 임의매각이 가능하다 • 매매에 대한 법원의 허가는 기왕의 매매를 추인하는 방법으로도 가능하다. • 허가를 얻어 처분행위를 한 후 그 허가 결정이 취소된 경우 취소는 소급효 없다.

종료		• 본인 스스로 재산관리를 할 수 있게 된 경우 • 부재자가 후에 스스로 재산관리인을 둔 경우 • 본인의 사망이 분명하게 되거나 실종선고가 있는 경우 → 가정법원은 본인 또는 이해관계인의 청구에 의하여 종전의 처분명령을 취소 (장래효) → 부재자가 사망하여도 선임결정이 취소되지 않는 한 재산관리인의 권한이 소멸되지 않는다.

VI. 실종선고

1. 실종선고

의의 및 취지		• 부재자의 생사불명 상태가 오래 지속 + 사망 불확실 • 방치하면 법률상 이해관계인에게 불이익이 발생하는 경우 → 가정법원의 실종선고로 사망간주 효과
요건	조문	제27조【실종의 선고】① 부재자의 생사가 5년간 분명하지 아니한 때에는 법원은 이해관계인이나 검사의 청구에 의하여 실종선고를 하여야 한다(보통실종). ② 전지에 임한 자, 침몰한 선박 중에 있던 자, 추락한 항공기 중에 있던 자 기타 사망의 원인이 될 위난을 당한 자의 생사가 전쟁 종지 후 또는 선박의 침몰, 항공기의 추락 기타 위난이 종료한 후 1년간 분명하지 아니한 때에도 제1항과 같다(특별실종).

	실질적	① 부재자 생사불명: 가족관계등록부상 이미 사망한 것으로 기재되어 있는 자는 실종선고 불가
		② 실종기간의 경과
		  • 보통실종(5년): 기산점은 생존을 증명할 수 있는 최후의 시기
		  • 특별실종(1년): 전쟁, 항공기 추락 기타

	형식적	① 청구권자의 청구: 이해관계인 또는 검사 • 이해관계인 = 부재자의 법률상 사망으로 인하여 직접적으로 신분상 또는 재산상의 권리를 취득하거나 의무를 면하게 되는 사람(배우자, 1순위 상속인 등) ② 공시최고의 절차(공고 후 6월)
효과	사망간주	종래주소를 중심으로 하는 사법상 법률관계의 종료(권리능력 박탈 ×)
	사망시기	실종기간 만료 시에 소급하여 사망한 것으로 본다.

2. 실종선고의 취소

의의		실종선고에 의하여 사망간주가 되므로 실종자가 생존 기타 반증이 있다면 그것으로 사망이라는 효과를 뒤집지 못한다. 따라서 사망간주 효과를 뒤집기 위해서는 실종선고의 취소가 있어야만 한다.
요건	조문	제29조【실종선고의 취소】① 실종자의 생존한 사실 또는 전조의 규정과 상이한 때에 사망한 사실의 증명이 있으면 법원은 본인, 이해관계인 또는 검사의 청구에 의하여 실종선고를 취소하여야 한다. 그러나 실종선고 후 그 취소 전에 선의로 한 행위의 효력에 영향을 미치지 아니한다.

		② 실종선고의 취소가 있을 때에 실종의 선고를 직접원인으로 하여 재산을 취득한 자가 선의인 경우에는 그 받은 이익이 현존하는 한도에서 반환할 의무가 있고 악의인 경우에는 그 받은 이익에 이자를 붙여서 반환하고 손해가 있으면 이를 배상하여야 한다.
	실질적	실종자가 생존한 사실 / 실종기간이 만료한 때와 다른 때에 사망한 사실 / 실종기간의 기산점 이후의 어떤 시점에 생존하고 있었던 사실
	형식적	• 청구권자의 청구: 이해관계인 또는 검사 • 공시최고의 절차 불요 • 요건 만족 시 법원은 반드시 취소
효과	원칙	실종선고로 인해 생긴 법률관계는 소급적으로 무효가 된다.
	예외	① 실종선고 후 그 취소 전에 선의로 한 행위의 효력: 취소의 효력이 제한 ② 실종선고를 직접 원인으로 재산을 취득한 자의 반환범위 • 선의: 현존이익 • 악의: 당시 이익 전부 + 반환할 때까지 법정이자 + 손해배상

생사불명 → 실종기간만료 → 사망간주
+ 공시최고 6월 → 실종선고청구 ⋯ 검사, 이해관계인 (직권 X)
→ 실종선고 ⋯ 법원
⋯⋯ 실종선고취소 ⋯ 법원

핵심빈출 정지문

1. 부재자란 종래의 주소 또는 거소를 떠나서 그의 재산을 관리하여야 할 필요가 있는 자를 뜻한다(생사불명이 요건은 아니다).
2. 부재자가 스스로 둔 재산관리인은 일종의 임의대리인이다.
3. 부재자가 정한 재산관리인의 권한이 부재자의 부재 중에 소멸한 때에는 법원은 이해관계인이나 검사의 청구에 의하여 재산관리에 관하여 필요한 처분을 명하여야 한다.
4. 부재자가 재산관리인을 정한 경우 부재자의 생사가 분명하지 아니하게 되어 이해관계인이 청구를 한다면 법원은 그 재산관리인을 개임할 수 있다.
5. 부재자의 생사가 분명하지 아니한 경우 부재자가 정한 재산관리인이 권한을 넘는 행위를 할 때에는 법원의 허가를 얻어야 한다.
6. 부재자 재산관리인으로서 권한초과행위의 허가를 받고 그 선임결정이 취소되기 전에 그 권한에 의하여 이루어진 행위는 부재자에 대한 실종기간이 만료된 뒤에 이루어졌다고 하더라도 유효하다.
7. 법원이 선임한 부재자 재산관리인은 선량한 관리자의 주의의무를 다하여 직무를 수행하여야 한다.
8. 법원이 선임한 재산관리인은 법원의 허가 없이 재산의 보존행위를 할 수 있다.
9. 법원은 그 선임한 재산관리인으로 하여금 재산의 관리 및 반환에 관하여 상당한 담보를 제공하게 할 수 있다.
10. 법원이 선임한 재산관리인은 관리할 재산목록을 작성해야 한다.
11. 법원이 선임한 재산관리인에 대하여 부재자의 재산으로 상당한 보수를 지급할 수 있다.
12. 법원이 선임한 부재자의 재산관리인은 그 부재자의 사망이 확인된 후라도 그에 대한 선임결정이 취소되지 않는 한 그 관리인으로서의 권한이 소멸되지 않는다.
13. 재산관리인은 불법하게 경료된 소유권이전등기의 말소를 법원의 허가 없이 청구할 수 있다(보존행위).
14. 법원이 선임한 재산관리인이 법원의 매각처분허가를 얻은 때에는 부재자의 채무를 담보하기 위하여 부재자의 부동산에 저당권을 설정하기 위해 다시 법원의 허가를 얻어야 하는 것은 아니다.
15. 부재자로부터 재산처분권까지 위임받은 재산관리인은 그 재산을 처분함에 있어 법원의 허가를 받을 필요가 없다.

16. 부재자 재산관리인의 처분행위에 대한 법원의 허가는 장래의 처분행위에 대해서뿐만 아니라 과거의 처분행위에 대한 추인을 위해서도 할 수 있다.
17. 재산관리인이 법원의 허가를 받아 이미 행한 처분행위는 후에 그 허가가 취소되더라도 유효하다.
18. 실종선고를 받은 사람은 사망한 것으로 추정되는 것이 아니라 간주하므로, 반증을 들어 실종선고의 효과를 다툴 수 없다.
19. 실종선고를 받은 자는 실종기간이 만료된 때에 사망한 것으로 본다.
20. 실종자의 범죄는 실종선고와 관계없이 결정된다.
21. 실종선고 확정 전 실종자를 당사자로 하여 선고된 판결은 효력이 있다.
22. 부재자의 제1순위 상속인이 있는 경우, 제2순위 상속인은 특별한 사정이 없는 한 부재자에 관한 실종선고를 청구할 수 있는 이해관계인이 아니다.
23. 보통실종의 경우 5년, 특별실종의 경우 1년의 실종기간이 지나야 실종선고를 할 수 있다.
24. 실종선고는 이해관계인이나 검사에 한해 청구할 수 있으며 청구기간의 제한은 없다.
25. 부재자의 제1순위 상속인이 있는 경우, 제2순위 상속인은 특별한 사정이 없는 한 부재자에 관한 실종선고를 청구할 수 있는 이해관계인이 아니다.
26. 선박침몰로 실종된 자에 대하여 실종선고를 하기 위해서는 1년의 실종기간이 경과하여야 한다.
27. 甲이 잠수장비를 착용한 채 바다에 입수하였다가 부상하지 아니한 채 행방불명되었다 하더라도 이는 실종선고에서 '사망의 원인이 될 위난'이라고 할 수 없다.
28. 해녀인 甲이 해산물을 채취하다가 행방불명되었다면, 이는 특별실종선고를 위한 사망의 원인이 될 위난이라고 할 수 없다.
29. 실종선고를 받는다 하더라도 실종자의 선거권이 상실되는 것은 아니다.
30. 가정법원은 실종선고를 취소하기 위해서 실종선고와 같이 공시최고를 할 필요는 없다.
31. 실종선고가 취소된 경우, 실종선고 후(실종기간 만료 후 ×) 실종선고 취소 전에 선의로 한 행위의 효력에는 영향을 미치지 않는다.
32. 실종선고가 취소된 경우 실종선고를 직접원인으로 하여 재산을 취득한 자가 선의인 때에는 그 받은 이익이 현존하는 한도에서 반환할 의무가 있다.

제3절 ▍ 법인

Ⅰ. 법인의 비교

1. 민사상 단체의 비교

구분	조합	비법인사단	사단법인
구별	계약관계	설립행위(합동행위)	설립행위 + 허가 + 등기
		조직(정관, 대표기관) + 다수결 + 단체성 존속	
소유형태	구성원 합유	구성원 총유	법인 단독소유
해산·청산	임의규정	강행규정	
당사자능력	×	○	
등기(재산)	합유등기	단체명의 등기	

2. 사단법인과 재단법인

구분	사단법인	재단법인
설립요건	① 목적의 비영리성 • 법인은 법률의 규정에 의함이 아니면 성립하지 못한다. • 영리 아닌 사업을 목적으로 하는 사단 또는 재단은 주무관청의 허가를 얻어 이를 법인으로 할 수 있다. ② 설립행위(정관작성) ③ 주무관청의 허가	/ 설립행위(정관작성 + 재산출연)
설립행위의 성질	합동행위	상대방 없는 단독행위
정관작성	재단법인 정관기재사항 + ⑥ 사원자격의 득실에 관한 규정 ⑦ 존립시기나 해산사유를 정하는 때에는 그 시기 또는 사유	① 목적 ② 명칭 ③ 사무소의 소재지 ④ 자산에 관한 규정 ⑤ 이사의 임면에 관한 규정
	• 정관 = 자치법규(계약 ×) • 임의적 기재사항도 일단 기재되면 필요적 기재사항과 동일 효과(변경 시 절차 要)	
정관보충	불가	명칭, 사무소 소재지, 이사의 임면규정
정관변경	총사원 3분의 2 이상의 동의(정관으로 달리 可)	불가(단, 변경방법을 정관에 정하거나 명칭, 사무소 소재지변경 가능)
주무관청의 허가	허가주의(결과를 다툴 수 없음), 자유재량행위	
설립등기	성립요건주의(다른 등기는 대항요건)	
출연행위	不要	要
해산사유	재단법인 해산사유 + ⑤ 사원이 없게 된 경우 ⑥ 총회의 해산결의(총사원 4분의 3)	① 존립기간 만료 ② 법인목적달성 또는 불능 기타 정관에서 정한 해산사유 발생 ③ 파산 ④ 설립허가 취소

Ⅱ. 법인의 설립

성립	조문	제31조【법인성립의 준칙】법인은 법률의 규정에 의함이 아니면 성립하지 못한다(허가주의, 자유설립 불가).
사단법인	조문	제32조【비영리법인의 설립과 허가】학술, 종교, 자선, 기예, 사교 기타 영리 아닌 사업을 목적으로 하는 사단 또는 재단은 주무관청의 허가를 얻어 이를 법인으로 할 수 있다.
	목적의 비영리성	필요한 한도에서 영리행위를 하는 것은 허용되지만 이때에도 그 수익은 사업의 목적을 위해 쓰여야 하고 구성원에게 분배되면 안 된다(이러한 목적은 상사회사이다).

		작성	• 2인 이상 설립자 + 정관 작성 + 기명날인 • 정관은 자치법규(법률행위 ×), 요식행위
	설립행위 =정관작성	기재사항	① 목적, ② 명칭, ③ 사무소의 소재지, ④ 자산에 관한 규정, ⑤ 이사의 임면에 관한 규정, ⑥ 사원자격의 득실에 관한 규정, ⑦ 존립시기나 해산사유를 정하는 때에는 그 시기 또는 사유
			그 외 임의적 기재사항도 일단 정관에 기재되면, 필요적 기재사항과 동일한 효과를 가진다.
	주무관청의 허가		주무관청의 허가를 요하고 그 결과를 다툴 수 없다(허가주의, 재량주의).
	설립등기		• 주된 소재지에 설립등기를 함으로써 성립(설립등기 = 성립요건) • 법인의 다른 등기는 제3자 대항요건
재단법인	설립행위	정관작성	기재사항: ① 목적, ② 명칭, ③ 사무소의 소재지, ④ 자산에 관한 규정, ⑤ 이사의 임면에 관한 규정
		재산출연	자기 재산상의 손실로 상대방을 이득케 하는 법률행위
	기타 요건		목적의 비영리성 / 주무관청의 허가 / 설립등기
	출연재산 귀속시기	조문	제48조【출연재산의 귀속시기】① 생전처분으로 재단법인을 설립하는 때에는 출연재산은 법인이 성립된 때로부터 법인의 재산이 된다. ② 유언으로 재단법인을 설립하는 때에는 출연재산은 유언의 효력이 발생한 때로부터 법인에 귀속한 것으로 본다.
		물권	출연재산이 물권인 경우 • 당사자 사이 법인 설립 시 법인 귀속 • 제3자에게 대항하기 위해서는 이전등기 필요
		채권	지명채권의 경우 법인 설립 시 귀속

정관 출연 허가 설립등기 이전등기   유언 사망   허가 설립등기
                    ↑   ↑   ↑
                  제48조   제186조   제48조
                  (대내)   (대외)

Ⅲ. 법인의 능력

1. 법인의 계약이행책임(대표기관 행위가 법인에게 귀속되기 위한 요건)

	조문	제34조【법인의 권리능력】법인은 법률의 규정에 좇아 정관으로 정한 목적의 범위 내에서 권리와 의무의 주체가 된다.
권리능력	의의	• 법인도 권리와 의무의 주체가 될 수 있다. 다만, 법률의 규정에 좇아 정관으로 정한 목적의 범위 내에서만 권리의무의 주체가 된다. • 법인의 법인격은 설립등기 시부터 청산사무가 실질적으로 종결할 때까지 유지된다. • 흠결효과: 강행규정 위반 = 절대적 무효

	제한	성질에 의해	• 자연인을 전제로 하는 권리(예 생명권·친권·상속권 등)를 가질 수 없다. • 재산권·명예권 등은 가질 수 있고 유증의 상대방이 될 수도 있다. • 성년후견인이 될 수 있다.
		법률에 의해	법률에서 권리능력을 제한할 수 있다. 예 해산한 법인은 청산의 목적범위 내에서만 권리가 있고 의무를 부담한다(제81조).
		목적에 의해	• 정관에 정한 목적범위 내에서 권리능력을 갖는다. • 명시된 목적 + 목적을 수행하는 데 있어 직접, 간접으로 필요한 행위는 모두 포함 • 목적수행에 필요한지 여부: 행위의 객관적 성질에 따라 추상적 판단
행위능력	법인은 권리능력의 범위에서 행위능력을 가진다.		

대표기관 행위가 법인에게 귀속되기 위하려면?
→ 권리능력 범위 內 + 대표권 범위 內 + 대표권 남용이 아닐 것

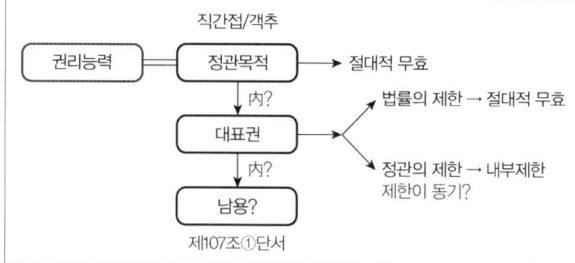

2. 법인의 불법행위능력

조문		제35조【법인의 불법행위능력】① 법인은 이사 기타 대표자가 그 직무에 관하여 타인에게 가한 손해를 배상할 책임이 있다. 이사 기타 대표자는 이로 인하여 자기의 손해배상책임을 면하지 못한다. ② 법인의 목적범위 외의 행위로 인하여 타인에게 손해를 가한 때에는 그 사항의 의결에 찬성하거나 그 의결을 집행한 사원, 이사 및 기타 대표자가 연대하여 배상하여야 한다.
적용범위		• 제35조는 제750조 일반 불법행위에 대한 특칙 • 대표기관의 불법행위가 직무범위에 있다면 제756조 사용자책임 적용 × • 권리능력 없는 사단에도 유추
성립요건	대표기관의 행위	대표기관 = 이사, 임시이사 등 법인을 사실상 대표하는 자 (대표권 없는 이사 ×, 감사 ×, 사원총회 ×)
	직무관련성	• 외형이론: 외형상 객관적으로 직무행위로 인정할 수 있는지 여부 • 상대방 선의·무중과실: 법인의 대표자의 행위가 직무에 관한 행위에 해당하지 아니함을 피해자 자신이 알았거나 또는 중대한 과실로 인하여 알지 못한 경우에는 법인에게 손해배상책임을 물을 수 없다.
	불법행위	대표기관의 행위가 제750조 요건을 만족해야 한다.
효과	대직불 ○	• 법인은 제35조 책임 ○ / 대표기관은 제750조 책임 → 부진정연대 • 사원이 대표와 공동불법행위를 한 경우 책임 있다. • 사원이 총회에서 찬성했다는 이유만으로 불법행위책임이 있지 않다.

대직불 ×	• 대표기관 개인만이 제750조 책임을 진다. • 대표기관이 법인의 목적범위 외의 행위로 인하여 타인에게 손해를 가한 때에는 그 사항의 의결에 찬성하거나 그 의결을 집행한 사원, 이사 및 기타 대표자가 연대하여 배상해야 한다.

Ⅳ. 법인의 기관

1. 대표기관 - 이사(필수기관)

조문	제57조【이사】법인은 이사를 두어야 한다.		
의의	• 이사는 대외적으로 법인을 대표하고, 대내적으로는 법인의 사무를 집행하는 필요기관이다. • 이사의 수에는 제한이 없다. • 이사의 임면에 관한 규정은 사단법인이나 재단법인 정관의 필요적 기재사항이고 이사의 성명과 주소는 등기사항이다.		
대외적 권한 (대표권)	조문		제59조【이사의 대표권】① 이사는 법인의 사무에 관하여 각자 법인을 대표한다(각자대표의 원칙). 그러나 정관에 규정한 취지에 위반할 수 없고 특히 사단법인은 총회의 의결에 의하여야 한다. ② 법인의 대표에 관하여는 대리에 관한 규정을 준용한다.
	각자대표원칙		• 이사가 수인인 경우 각자가 법인을 대표한다. • 법인의 대표에 관하여는 대리에 관한 규정이 준용된다.
	대표권 제한	정관에 의해	• 대표권 제한은 정관에 기재하면 효력이 발생한다. • 등기를 하면 제3자에게 대항할 수 있다. • 대표권의 제한이 등기되지 않는 한 법인은 이를 악의의 제3자에게도 대항할 수 없다.
		사원총회에 의해	사단법인의 경우 사원총회의 의결로 대표권을 제한할 수 있다. 다만, 이 경우에도 대표권 자체를 박탈하는 것은 허용되지 않는다.
		복임권	• 원칙: 이사는 자신이 스스로 대표권을 행사해야 한다. • 예외: 대표권이 제한되지 않는 사안에 대하여 타인으로 하여금 특정한 행위를 대리하게 할 수 있다(포괄위임 금지).
		이익상반	법인과 이사의 이익이 상반하는 사항에 관하여는 대표권이 없다.
대내적 권한 (사무집행)	조문		제58조【이사의 사무집행】① 이사는 법인의 사무를 집행한다. ② 이사가 수인인 경우에는 정관에 다른 규정이 없으면 법인의 사무집행은 이사의 과반수로써 결정한다.
	이사는 내부적 사무를 집행할 권한이 있고, 이사가 여럿인 경우에는 그 과반수로 결정 → 대내적 제한일 뿐, 대외적으로는 각자대표가 원칙이므로 이사 과반수 결의 없이 단독으로 대표행위를 해도 유효		
의무와 책임	조문		제61조【이사의 주의의무】이사는 선량한 관리자의 주의로 그 직무를 행하여야 한다. 제65조【이사의 임무해태】이사가 그 임무를 해태한 때에는 그 이사는 법인에 대하여 연대하여 손해배상의 책임이 있다.

2. 기타 대표기관

임시이사	이사가 없거나 결원이 있는 경우 + 법인에 손해가 생길 염려 있는 때 ➜ 이해관계인, 검사청구 ➜ 법원 선임
직무대행자	직무집행 가처분이 있을 때 + 등기 ➜ 법원 선임(법인의 통상사무만)
특별대리인	법인과 이사의 이익상반 = 그 부분에 이사는 대표권 없음 ➜ 이해관계인, 검사청구에 의해 법원 선임
청산인	법인이 해산한 때(파산 제외) ➜ 이사 = 청산인

3. 감사(임의기관)

의의	• 법인은 정관 또는 총회의 결의로 감사를 둘 수 있다. • 대표기관이 아니므로 성명 및 주소는 등기사항이 아니다. • 선임방법, 자격, 임기 등은 정관 또는 총회의 결의로 정한다.
직무	• 법인의 재산상황 감독 • 이사의 업무집행상황 감독 • 재산상황 또는 업무집행에 관하여 부정·불비한 것의 발견 시 총회 또는 주무관청에 보고 • 그 보고를 위하여 필요한 경우 총회의 소집 등

4. 사원총회(필수기관)

의의 및 종류 직무	• 사단법인 최고의 의사결정기관으로 기능하는 필요기관으로 전 사원으로 구성된다. • 정관으로 폐지할 수 없다. • 정관의 변경(제42조), 임의해산(제77조 제2항)은 사원총회의 전권사항으로서 정관에 의하여도 다르게 정할 수 없다. 제69조【통상총회】사단법인의 이사는 매년 1회 이상 통상총회를 소집하여야 한다. 제70조【임시총회】① 사단법인의 이사는 필요하다고 인정한 때에는 임시총회를 소집할 수 있다. ② 총사원의 5분의 1 이상으로부터 회의의 목적사항을 제시하여 청구한 때에는 이사는 임시총회를 소집하여야 한다. 이 정수는 정관으로 증감할 수 있다. ③ 전항의 청구 있는 후 2주간 내에 이사가 총회소집의 절차를 밟지 아니한 때에는 청구한 사원은 법원의 허가를 얻어 이를 소집할 수 있다. • 제70조 제3항은 이사회에 유추적용할 수 없다. • 정관으로 사실상 소수사원의 사원총회 소집권한을 제한하는 규정은 무효이다.
권한	제68조【총회의 권한】사단법인의 사무는 정관으로 이사 또는 기타 임원에게 위임한 사항 외에는 총회의 결의에 의하여야 한다.
소집	제71조【총회의 소집】총회의 소집은 1주간 전에 그 회의의 목적사항을 기재한 통지를 발하고 기타 정관에 정한 방법에 의하여야 한다.

결의	제72조 【총회의 결의사항】 총회는 전조의 규정에 의하여 통지한 사항에 관하여서만 결의할 수 있다. 그러나 정관에 다른 규정이 있는 때에는 그 규정에 의한다. 제73조 【사원의 결의권】 ① 각 사원의 결의권은 평등으로 한다. ② 사원은 서면이나 대리인으로 결의권을 행사할 수 있다. ③ 전2항의 규정은 정관에 다른 규정이 있는 때에는 적용하지 아니한다. 제74조 【사원이 결의권 없는 경우】 사단법인과 어느 사원과의 관계사항을 의결하는 경우에는 그 사원은 결의권이 없다. 제75조 【총회의 결의방법】 ① 총회의 결의는 본법 또는 정관에 다른 규정이 없으면 사원 과반수의 출석과 출석사원의 결의권의 과반수로써 한다. ② 제73조 제2항의 경우에는 당해 사원은 출석한 것으로 한다.
	사원의 결의권 • 결의의 성립에 필요한 정족수: 사원 과반수 출석사원의 결의권의 과반수 • 정관변경: 총사원의 3분의 2 • 임의해산: 총사원의 4분의 3 • 서면 또는 대리인에 의하여 결의권 행사하는 사원은 출석 간주
사원권	• 의의: 사원은 사단법인의 기관이 아니다. 사원 개인이 가질 수 있는 권리를 사원권이라 한다. • 양도성: 사단법인의 사원의 지위는 양도 또는 상속할 수 없다. 단, 임의규정이므로 규약이나 관행에 의해 양도 또는 상속될 수 있다.

V. 법인의 소멸

의의		• 법인의 소멸은 법인격이 소멸하는 것으로 자연인의 사망에 대응된다. • 상속제도가 없으므로 법인소멸은 해산 → 청산 과정을 거친다.
해산	조문	제77조 【해산사유】 ① 법인은 존립기간의 만료, 법인의 목적의 달성 또는 달성의 불능 기타 정관에 정한 해산사유의 발생, 파산 또는 설립허가의 취소로 해산한다(사단·재단). ② 사단법인은 사원이 없게 되거나 총회의 결의로도 해산한다(사단). 제38조 【법인의 설립허가의 취소】 법인이 목적 이외의 사업을 하거나 설립허가의 조건에 위반하거나 기타 공익을 해하는 행위를 한 때에는 주무관청은 그 허가를 취소할 수 있다(사단·재단). 제78조 【사단법인의 해산결의】 사단법인은 총사원 4분의 3 이상의 동의가 없으면 해산을 결의하지 못한다. 그러나 정관에 다른 규정이 있는 때에는 그 규정에 의한다(사단). 제79조 【파산신청】 법인이 채무를 완제하지 못하게 된 때에는 이사는 지체 없이 파산신청을 하여야 한다(사단·재단).
	의의	법인이 본래의 목적을 달성하기 위한 적극적인 활동을 정지하고 청산절차에 들어가는 것을 말한다.
청산	의의	• 해산한 법인이 잔무를 처리하고 재산을 정리하여 완전히 소멸할 때까지의 절차를 말한다. • 해산한 법인은 청산의 목적범위 내에서만 권리가 있고 의무를 부담한다. • 실질적 청산사무가 종료되었다 할 수 없는 경우에는 청산종결등기가 있다 하더라도 법인은 소멸하지 않는다.

기관	• 동일성이 유지되므로 사원총회·감사 등의 기관은 존속하고 정관에 따로 정하지 않았다면 이사는 당연 청산인이 된다. • 파산의 경우 채무자 회생 및 파산에 관한 법률에 따라 법원에 의해 선임된 파산관재인이 파산재단을 대표한다. • 법원이 직권 또는 이해관계인, 검사의 청구에 의해 선임할 수도 있다.

직무	① 해산등기와 청산종결등기
	② 현존사무의 종결·채권의 추심·채무의 변제
	③ 잔여재산의 인도
	  • 정관으로 지정한 자에게 귀속
	  • (없다면) 주무관청의 허가 ➜ 법인목적에 유사한 목적을 위하여 재산처분 가능 (사단법인은 사원총회 결의 필요)
	  • (그래도 처분되지 않았다면) 국고 귀속

VI. 기타규정

1. 법인의 등기

설립등기는 성립요건이고, 나머지 법인에 관한 등기는 제3자 대항요건이다.

조문	제33조【법인설립의 등기】법인은 그 주된 사무소의 소재지에서 설립등기를 함으로써 성립한다. 제49조【법인의 등기사항】① 법인설립의 허가가 있는 때에는 3주간 내에 주된 사무소 소재지에서 설립등기를 하여야 한다. ② 전항의 등기사항은 다음과 같다. 1. 목적 2. 명칭 3. 사무소 4. 설립허가의 연월일 5. 존립시기나 해산이유를 정한 때에는 그 시기 또는 사유 6. 자산의 총액 7. 출자의 방법을 정한 때에는 그 방법 8. 이사의 성명, 주소 9. 이사의 대표권을 제한한 때에는 그 제한 제54조【설립등기 이외의 등기의 효력과 등기사항의 공고】① 설립등기 이외의 본절의 등기사항은 그 등기 후가 아니면 제3자에게 대항하지 못한다. ② 등기한 사항은 법원이 지체 없이 공고하여야 한다. 제85조【해산등기】① 청산인은 법인이 파산으로 해산한 경우가 아니면 취임 후 3주일 내에 다음 각 호의 사항을 주사무소 소재지에서 등기하여야 한다. 1. 해산 사유와 해산 연월일 2. 청산인의 성명과 주소 3. 청산인의 대표권을 제한한 경우에는 그 제한 ② 제1항의 등기에 관하여는 제52조를 준용한다.

2. 법인의 감독

조문	제37조【법인의 사무의 검사·감독】법인의 사무는 주무관청이 검사, 감독한다. 제38조【법인의 설립허가의 취소】법인이 목적 이외의 사업을 하거나 설립허가의 조건에 위반하거나 기타 공익을 해하는 행위를 한 때에는 주무관청은 그 허가를 취소할 수 있다.
사무감독	주무관청
해산·청산감독	법원

3. 정관의 변경

사단법인	조문	제42조【사단법인의 정관의 변경】① 사단법인의 정관은 총사원 3분의 2 이상의 동의가 있는 때에 한하여 이를 변경할 수 있다. 그러나 정수에 관하여 정관에 다른 규정이 있는 때에는 그 규정에 의한다. ② 정관의 변경은 주무관청의 허가를 얻지 아니하면 그 효력이 없다.
	의의	• 원칙적 허용(정관변경은 사원총회 전권사항) • 정관의 규정 ➜ 총사원 3분의 2 동의 • 주무관청의 허가 필요
재단법인	조문	제45조【재단법인의 정관변경】① 재단법인의 정관은 그 변경방법을 정관에 정한 때에 한하여 변경할 수 있다. ② 재단법인의 목적달성 또는 그 재산의 보전을 위하여 적당한 때에는 전항의 규정에 불구하고 명칭 또는 사무소의 소재지를 변경할 수 있다. ③ 제42조 제2항의 규정은 전2항의 경우에 준용한다. 제46조【재단법인의 목적 기타의 변경】재단법인의 목적을 달성할 수 없는 때에는 설립자나 이사는 주무관청의 허가(인가)를 얻어 설립의 취지를 참작하여 그 목적 기타 정관의 규정을 변경할 수 있다.
	원칙	• 변경할 수 없다. • 재단법인은 설립자의 의사에 의하여 타율적으로 구속되는 법인이므로 원칙적으로 정관변경이 불가능
	예외	• 변경방법 정관에 정해져 있을 때 가능 • (정관에 없을 때) 명칭 또는 사무소 소재지 변경 가능 • 목적달성 불가 시 주무관청허가 얻어 정규정 변경 가능
	기본재산과의 관계	• 재단법인의 기본재산은 재단법인의 실체를 이루는 것이기 때문에 기본재산에 변경이 있는 경우 정관변경사항이므로 주무관청허가를 얻어야 한다. • 이때 허가의 성질은 인가이다.

4. 주무관청의 권한 정리

① 법인의 설립을 위하여는 주무관청의 허가를 얻어야 한다(제32조).
② 법인이 목적 외 사업을 하는 등 위반행위를 할 경우 주무관청은 그 허가를 취소할 수 있다(제38조).
③ 정관변경 시 주무관청의 허가를 얻어야 한다(제42조 제2항 등).
④ 법인해산 시 청산인은 주무관청에 해산신고(제86조) 및 청산종결신고(제94조)를 하여야 한다.
⑤ 정관으로 잔여재산귀속자를 지정하지 아니하거나 지정방법을 정하지 아니한 때에 잔여재산을 처분하려면 주무관청의 허가를 얻어야 한다(제80조 제2항).

핵심빈출 정지문

1. 기존회사의 채무면탈을 목적으로 기업의 형태와 내용이 실질적으로 동일하게 설립된 신설회사가 기존회사와 별개의 법인격임을 내세워 그 책임을 부정하는 것은 신의성실에 반하거나 법인격을 남용하는 것으로서 허용될 수 없다.
2. 비영리사단법인의 설립행위는 2인 이상의 설립자가 기명날인하여 사단법인의 정관을 작성하는 서면에 의한 요식행위이다. / 유언으로 재단법인을 설립하는 행위도 요식행위이다.
3. 사단법인의 정관은 이를 작성한 사원뿐만 아니라 그 후에 가입한 사원이나 사단법인의 기관 등도 구속하는 점에 비추어 보면 그 법적 성질은 자치법규로 보는 것이 타당하다(계약 ×).
4. 민법상 사단법인 설립 시 정관의 필요적 기재사항은 "목적, 명칭, 사무소의 소재지, 자산에 관한 규정, 이사의 임면에 관한 규정, 존립시기나 해산사유를 정하는 때에 그 시기 또는 사유"이다.
5. 이사의 임면에 관한 사항은 정관의 필요적 기재사항이다.
6. 비영리사단법인을 설립하기 위해서는 반드시 주무관청의 허가를 얻어야 한다.
7. 재단법인의 존립시기는 정관의 필요적 기재사항이 아니다.
8. 재단법인의 설립자가 그 명칭이나 이사의 임면방법을 정하지 않고 사망한 경우, 이해관계인 또는 검사의 청구에 의하여 법원이 이를 정할 수 있다.
9. 재단법인은 법률의 규정에 의함이 아니면 성립하지 못한다.
10. 재단법인은 항상 비영리법인이므로 상사회사설립의 조건에 따라 영리를 목적으로 하는 재단법인을 설립할 수는 없다.
11. 甲이 재단법인 설립을 위해 생전처분으로 지명채권을 출연한 경우, 지명채권은 법인성립 시에 법인에게 귀속된다(당사자 사이 - 법인 성립 시 / 제3자와 관계 - 이전등기 시).
12. 재단법인의 설립에 있어서 출연재산이 부동산인 경우, 재단과 출연자 이외에 제3자에 대한 관계에 있어서는 그 출연 부동산을 재단법인의 명의로 이전등기를 경료한 때 비로소 법인에게 재산이 귀속된다.
13. 법인은 그 주된 사무소의 소재지에서 설립등기를 함으로써 성립하고, 법률의 규정에 좇아 정관으로 정한 목적의 범위 내에서 권리와 의무의 주체가 된다.
14. 법인의 권리능력에서 '목적 범위 내'의 행위라 함은 정관에 명시된 목적 자체에 국한되는 것이 아니라, 그 목적을 수행하기 위한 직접 또는 간접으로 필요한 행위를 모두 포함한다.
15. '목적 수행에 필요한 행위'는 문제된 행위가 행위자의 주관적·구체적 의사를 기준으로 판단할 것이 아니라 그 행위의 객관적 성질에 비추어 추상적으로 판단할 것이다.
16. 청산종결등기를 하였다 하더라도 실제로 청산사무가 종료되지 않았다면 그 법인은 소멸하지 않는다.
17. 적법한 대표권을 가진 자가 그 대표권 내에서 법인을 위해 타인과 맺은 법률행위의 효과는 대표자 개인이 아니라 본인인 법인에게 귀속한다(채무불이행 책임도 법인이 진다).
18. 법인의 정관에 법인 대표권의 제한에 관한 규정이 있으나 그와 같은 취지가 등기되어 있지 않다면 법인은 그와 같은 정관의 규정에 대하여 선의냐 악의냐에 관계없이 제3자에 대하여 대항할 수 없다.
19. 법인은 가족법상의 법률관계는 가질 수 없지만, 재산권, 명예권, 신용권 등은 법인에게도 인정된다.
20. 대표권 남용에 대하여 상대방이 알거나 알 수 있었을 때에는 대표권 남용행위는 법인에게 그 효력이 미치지 않는다(제107조 제1항 단서 유추적용).

21. 법인의 대표자가 직무에 관해서 불법행위를 한 경우, 피해자는 민법 제35조에 따른 손해배상청구를 할 수 있을 뿐, 민법 제756조 사용자의 배상책임을 법인에게 청구할 수는 없다.
22. 법인이 대표자의 선임·감독에 주의를 다하였음을 증명하더라도 법인의 불법행위책임으로부터 면책되지 않는다(제756조 책임이 아니므로).
23. 민법 제35조 제1항의 법인의 대표자에는 그 명칭이나 직위 여하 또는 대표자로 등기되었는지 여부를 불문하고 당해 법인을 실질적으로 운영하면서 법인을 사실상 대표하여 법인의 사무를 집행하는 사람을 포함한다고 해석함이 상당하다.
24. 민법 제35조에서 이사 기타 대표자는 법인의 대표기관을 의미하는 것으로 법인등기부상 대표자로 등기된 자에 한하지 않는다(실질적으로 판단한다).
25. 법인을 실질적으로 운영하면서 법인을 사실상 대표하여 법인의 사무를 집행하는 자가 대표자로 등기되어있지 않다 하더라도 그가 그 직무에 관하여 타인에게 손해를 가했다면 법인의 불법행위가 성립할 수 있다.
26. 민법 제35조 소정의 '이사 기타 대표자'에는 대표권 없는 이사가 포함되지 않는다.
27. 법인의 대표자의 행위가 직무에 관한 행위에 해당하지 아니함을 피해자 자신이 알았거나 중대한 과실로 인하여 알지 못한 경우에는 법인에게 손해배상책임을 물을 수 없다(경과실이면 법인에게 책임을 물을 수 있다).
28. 민법 제35조에서 '직무에 관한 행위'인지 여부는 행위의 외형상 대표기관의 직무행위라고 인정될 수 있는지 여부로 판단하므로, 법령에 위반된 것이라도 직무에 관한 행위에 해당될 수 있다.
29. 법인의 대표자가 부정한 대표행위를 한 경우에 그것이 개인의 사리를 도모하기 위한 것이었다 하더라도 그 행위가 외형상 직무범위 내에 있다면 법인의 불법행위가 성립될 수 있다.
30. 법인 대표기관이 강행규정을 위반한 계약을 체결하여 그 상대방이 손해를 입은 경우에도 직무관련성이 인정되면 법인의 불법행위책임이 인정된다.
31. 법인 대표자의 행위가 위법성이 없는 경우에는 법인의 불법행위가 성립할 수 없다(대표자행위가 제750조 요건을 만족해야 한다).
32. 사원이 위 대표자와 공동으로 불법행위를 저질렀거나 이에 가담하였다고 볼 만한 사정이 있으면 상대방에 대하여 그 사원이 대표자와 연대하여 손해배상책임을 진다.
33. 법인의 불법행위가 성립하는 경우, 단순히 사원총회, 대의원총회, 이사회의 의결에 찬성하였다는 이유만으로 원칙적으로 불법행위책임을 부담한다고 볼 수는 없다.
34. 법인의 대표자가 법인의 목적범위 외의 행위로 인하여 타인에게 손해를 가한 때에는 그 사항의 의결에 찬성하거나 그 의결을 집행한 사원, 이사 및 기타 대표자는 연대하여 배상하여야 한다.
35. 법인은 이사 기타 대표자가 그 직무에 관하여 타인에게 가한 손해를 배상할 책임이 있다. 이때 이사 기타 대표자는 이로 인하여 자기의 손해배상책임을 면하지 못한다(부진정연대채무).
36. 법인의 불법행위가 인정되어(법인과 대표가 부진정연대채무를 부담하므로) 법인이 피해자에게 배상한 경우, 법인은 대표자 개인에 대하여 구상권을 행사할 수 있다.
37. 법인의 불법행위책임에도 피해자에게 손해발생에 과실이 있다면 법원은 과실상계의 법리에 좇아 손해배상의 범위를 정함에 있어 이를 참작하여야 한다.
38. 이사, 이사의 직무대행자, 임시이사, 특별대리인, 청산인 등은 대표기관이고, 대표권 없는 이사, 이사의 임의대리인, 사원총회, 감사 등은 대표기관이 아니다.
39. 법인은 이사를 두어야 한다(이사 = 필수기관 / 사원총회 = 사단만 필수기관).
40. 대표자의 임기만료 후 대표자의 개임이 없었다면, 유임 내지 중임이 금지되지 않는 한, 그 대표자를 묵시적으로 다시 선임한 것으로 볼 수 있다.
41. 이사는 법인의 사무에 관하여 각자 법인을 대표(사무집행 = 과반수)하고 선관주의의무를 부담한다.
42. 법인의 대표에 관하여는 대리에 관한 규정을 준용한다.
43. 사단의 대표자 임기가 만료된 때 구 대표자가 그에게 종전 직무를 처리하게 할 필요가 있는 경우 그 후임자가 선임될 때까지 구 대표자는 업무수행권이 있다.
44. 이사는 정관 또는 총회의 결의로 금지하지 아니한 사항에 한하여 타인으로 하여금 특정한 행위를 대리하게 할 수 있다(포괄적 위임은 할 수 없다. 대리인이지 법인의 기관은 아니다).

45. 이사가 수인인 경우 원칙적으로 각자 법인을 대표한다.
46. 이사가 수인인 경우 정관에 다른 규정이 없으면 법인의 사무집행은 이사의 과반수로써 결정한다.
47. 이사와 법인의 이익이 상반하는 사항(예 법인을 상대로 소송)에 관하여 이사는 대표권이 없으므로, 법원은 특별대리인(임시이사 ×)을 선임하여야 한다.
48. 이사가 없거나 결원으로 법인에게 손해가 발생될 염려가 있는 때에는 이해관계인이나 검사의 청구에 의해 법원은 (특별대리인이 아닌) 임시이사를 선임하여야 한다.
49. 법인의 (가처분에 의하여 선임된) 직무대행자가 그 권한을 정한 규정에 위반하여 법인의 통상사무 범위를 벗어난 행위를 한 경우, 법인은 선의의 제3자에 대하여 책임을 진다.
50. 법인은 정관 또는 총회의 결의로 감사(임의기관)를 둘 수 있다.
51. 사단법인의 감사는 법인의 재산상황에 관하여 부정한 것이 있음을 발견한 경우, 이를 총회에 보고하기 위해 필요한 경우 임시총회를 소집할 수 있다.
52. 임시총회의 소집을 요구할 수 있는 사원의 수(5분의 1)는 정관으로 증감할 수 있다.
53. 법인이 정관에 이사의 해임사유 및 절차 등을 따로 정한 경우, 이사의 중대한 의무위반 또는 정상적인 사무집행 불능 등 특별한 사정이 없는 이상 정관에서 정하지 아니한 사유로 이사를 해임할 수 없다.
54. 사원총회에서 결의할 수 있는 것은 정관에 다른 규정이 없는 한 총회를 소집할 때 미리 통지한 사항에 한정된다.
55. 사원총회의 결의는 민법 또는 정관에 다른 규정이 없으면 사원 과반수의 출석과 출석사원 결의권의 과반수로 한다.
56. 이사는 언제든지 사임할 수 있다(사임은 상대방 있는 단독행위이므로 주무관청의 승인이 없어도 그 의사가 상대방에게 도달함과 동시에 사임의 효력이 발생한다).
57. 사단의 정관변경은 사원총회의 전권사항이기 때문에 정관에서 총회의 결의에 의하지 않고 정관을 변경할 수 있다 하더라도, 그 정관의 규정은 무효이다.
58. 사단, 재단의 정관의 변경은 주무관청의 허가를 얻지 아니하면 그 효력이 없다.
59. 사단법인은 정관에 다른 규정이 없는 한 총사원 3분의 2 이상의 동의로 정관을 변경할 수 있다.
60. 사단법인 사원의 지위는 양도 또는 상속할 수 없다(임의규정이므로 정관으로 이에 반하는 규정을 둘 수 있다).
61. 원칙적으로 재단법인의 정관변경은 불가하다.
62. 재단법인의 목적을 달성할 수 없는 경우, 설립자나 이사는 주무관청의 허가를 얻어 설립의 취지를 참작하여 그 목적에 관한 규정을 변경할 수 있다.
63. 재단법인의 설립자가 그 명칭, 사무소소재지 또는 이사임면의 방법을 정하지 아니하고 사망한 때에는 이해관계인 또는 검사의 청구에 의하여 법원이 이를 정한다.
64. 정관에 변경방법이 정하여진 바 없더라도, 재단법인의 목적달성 또는 그 재산의 보전을 위하여 적당한 때에는 명칭 또는 사무소의 소재지를 변경할 수 있다.
65. 정관변경에 대한 주무관청 허가의 법적성질은 인가이다.
66. 정관의 변경사항이 등기사항인 경우에는 등기하여야 제3자에게 대항할 수 있다(등기하여야 정관변경의 효력이 발생하는 것은 아니다).
67. 재단법인의 기본재산에 변동(증가, 감소)이 있는 경우 주무관청의 허가를 필요로 한다. 매각 후 사후 허가를 받는 경우 그 매매계약은 유효하다.
68. 재단법인의 기본재산을 새롭게 편입하는 행위는(기본재산의 변동으로 정관의 변경을 초래하므로) 주무관청의 허가를 받아야 한다.
69. 기본재산 아닌 재산의 매각, 기본재산에 관한 저당권 설정은 주무관청의 허가를 필요로 하지 아니한다.
70. 법인의 일반 사무는 주무관청이, 청산사무는 법원이 감독한다.
71. 법인이 주사무소를 이전한 경우에는 종전 소재지 또는 새 소재지에서 3주일 내에 새 소재지와 이전 연월일을 등기하여야 한다.
72. 법인이 분사무소를 이전한 경우에는 주사무소 소재지에서 3주일 내에 새 소재지와 이전 연월일을 등기하여야 한다.
73. 법인이 해산한 때에는 파산의 경우를 제외하고는 이사가 청산인이 된다(정관 또는 총회의 결의로 달리 정할 수 있다).

74. 사원이 1인이 되는 경우에 사단법인이 해산 되는 것은 아니다.
75. 법인이 소멸하는 시점은 해산등기나 청산종결등기 시가 아닌 청산사무가 종결된 때이다.
76. 민법상 청산절차에 관한 규정에 반하는 잔여재산 처분행위는 특단의 사정이 없는 한 무효이다(= 강행규정).
77. 청산법인은 청산의 목적 범위 내에서만 권리가 있고 의무를 부담한다.
78. 법인의 존립시기나 해산사유는 그 정함이 있는 경우 등기하여야 한다.
79. 정관에 다른 규정이 없다면, 사단법인은 총사원의 4분의 3 이상의 동의로 해산을 결의할 수 있다.
80. 법인은 존립기간의 만료, 법인의 목적의 달성 또는 달성의 불능 기타 정관에 정한 해산사유의 발생, 파산 또는 설립허가의 취소로 해산한다.
81. 법인이 목적 이외의 사업을 하거나 설립허가의 조건에 위반하거나 기타 공익을 해하는 행위를 한 경우, 주무관청은 법인의 설립허가를 취소할 수 있다.
82. 법인의 청산이 종결된 때에는 청산인은 3주간 내에 이를 등기하고 주무관청에 신고해야 한다.
83. 법인의 청산절차에 관한 규정은 모두 제3자의 이해관계에 중대한 영향을 미치는 것으로서 강행규정이다.
84. 해산한 법인은 청산의 목적범위 내에서만 권리가 있고 의무를 부담한다.
85. 청산 중의 법인은 변제기에 이르지 아니한 채권에 대하여도 변제할 수 있다.
86. 청산인은 채권신고기간 내에는 채권자에 대하여 변제하지 못한다. 그러나 법인은 채권자에 대한 지연손해배상의 의무를 면하지 못한다.

VII. 권리능력 없는 사단

1. 권리능력 없는 사단

의의 및 성립요건	의의	사단의 실체를 가지면서도 주무관청의 허가 내지 설립등기를 하지 않아 법인격을 취득하지 못한 단체
	비교개념	조합과의 비교: 단체를 칭하는 명칭에 구애됨이 없이 일반적으로 그 단체성의 강약을 기준으로 양자를 구별
	예	종중, 교회, 자연부락, 아파트부녀회, 입주자대표자회의, 재건축조합 등
법적지위	사단규정 유추 여부 - 긍정	법인의 불법행위책임, 사원총회 결의방법, 포괄위임금지원칙, 대표자 업무집행, 청산인 선임, 사원지위의 양도 등
	사단규정 유추 여부 - 부정	대표권 제한은 등기할 방법이 없어 유추할 수 없다. 따라서 대표자가 제한을 위반한 법률행위를 한 경우 상대방이 알았거나 알 수 있었을 경우가 아니라면 법률행위 유효
	대외적 지위	• 소송상의 당사자능력, 부동산등기능력 인정 • 점유권의 주체 가능 • 명예권의 주체 가능
재산관계 (총유)		• 총유물의 관리 및 처분은 정관 기타 규약에 정한 바가 없으면 사원총회의 결의에 의한다. • 도급계약, 보증계약과 같은 단순한 채무부담행위는 총유물의 관리처분행위 ✕ • 총회의 결의를 거치지 않은 총유물의 관리 및 처분행위는 무효

구분	공유	합유	총유
주체	인적결합 없는 다수당사자	조합체	비법인사단
지분인정	지분 있음	지분 있음	지분 없음
지분의 처분	각자 자유로운 지분 처분 가능	전원 동의 필요	지분 처분 불가
분할청구	자유롭게 분할청구 가능	불가	불가
보존행위	각자 단독 가능	각자 단독 가능	사원총회의 결의 필요
관리행위	지분의 과반수 동의 필요	조합 규약에 따라	사원총회의 결의 필요
처분행위	전원의 동의 필요		사원총회의 결의 필요

2. 비법인사단의 구체적 형태

종중	의의	공동선조의 후손들에 의하여 선조의 분묘수호 및 봉제사와 후손 상호 간의 친목을 목적으로 형성되는 자연발생적인 종족단체
	성립요건	• 단체성: 종중의 규약이나 관습에 따라 선출된 대표자 등에 의하여 조직을 갖추고 지속적인 활동을 하고 있다면 비법인사단으로서의 단체성이 인정된다. • 조직행위: 종중은 자연발생적 집단으로 별도의 조직행위, 대표자 선임이나 성문의 규약을 요구하지 않는다. • 성립된 종중의 공동선조의 후손 중의 한 사람을 공동선조로 하여 또 하나의 종중이 성립될 수도 있다.
	종원	• 공동선조와 성과 본을 같이 하는 후손은 성별의 구별 없이 성년이 되면 당연히 구성원이 된다(종원을 남자로 제한했다면 종중유사단체이다). • 종중이 종중원의 자격을 박탈한다든지 종원이 종중을 탈퇴할 수는 없다. • 자녀의 성과 본이 모의 성과 본으로 변경되었을 경우 성년인 그 자녀는 모가 속한 종중의 구성원으로서 당연히 인정된다. • 대표자는 종중규약 또는 관례에 따라 선임하고 없다면 연고항존자가 된다.
	종중총회	• 통지가 가능한 모든 종중원에게 개별적으로 소집통지 필요(서면, 구두, 전화, 위임장 등) • 정기적 모임 등 관행이 있으면 별도의 소집통지 불요 • 소집절차 하자 있으면 종중총회 무효(후에 유효한 총회에서 결의로 추인 가능)
교회	의의	일정한 지역에서 동일한 목적으로 신앙활동을 하는 개개의 지교회는 비법인사단이다.
	탈퇴 및 분열	• 우리 민법은 사단법인에서 구성원의 탈퇴나 해산은 인정하지만 2개의 법인으로 나뉘어 각각 독립한 법인으로 존속하는 형태의 분열은 인정하지 않는다. 그 법리는 법인 아닌 사단에 대하여도 동일하게 적용된다. • 교회의 일부 신도가 탈퇴하여 독립교회를 설립했다면, 원칙적으로 교회의 재산은 잔존교인에게 속한다. 다만, 정관변경에 준하여 의결권을 가진 교인 3분의 2 이상의 찬성에 의한 결의로 탈퇴를 하였다면 종전 교회의 실체는 이와 같이 교단을 탈퇴한 교회로서 존속한다.

핵심빈출 정지문

1. 권리능력 없는 사단도 대표자의 존재 등 조직을 갖출 것이 요구된다.
2. 종중은 규약의 존재 등의 조직행위를 필요로 하지 않고 대표자가 선임되지 않아도 법인격 없는 사단으로 인정된다.
3. 종중, 교회, 아파트입주자대표회의, 아파트부녀회, 집합건물관리단, 자연부락, 어촌계 등은 비법인사단이다.
4. 민법상의 조합과 법인격 없는 사단을 구별함에 있어서는 일반적으로 그 단체성의 강약을 기준으로 판단한다.
5. 법인 아닌 사단에 대하여는 사단법인에 관한 규정 가운데, 정관에 정함이 없다면 법인격을 전제로 하는 것을 제외하고는 모두 이를 유추적용하여야 한다.
6. 비법인사단이 성립되기 이전에 설립 주체인 개인이 취득한 권리의무는 설립 후의 비법인사단에 귀속될 수 없다(비법인사단에는 설립 중의 회사 법리를 유추할 수 없다).
7. 법인의 불법행위책임에 관한 민법 제35조 제1항은 비법인사단에 유추적용된다.
8. 대표자는 비법인사단의 제반 업무처리를 대리인에게 포괄적으로 위임할 수 없다(포괄위임금지 원칙이 유추적용된다).
9. 비법인사단의 대표자가 직무에 관하여 타인에게 손해를 가한 경우에 비법인사단은 불법행위책임을 부담한다.
10. 비법인사단 소유의 재산에 대한 대표자의 처분행위가 사원총회의 결의를 거치지 않아 무효가 되는 경우, 상대방이 선의인 경우라도 그 처분행위에 대하여 민법 제126조의 표현대리 법리가 준용되지 않는다.
11. 대표자 또는 관리인이 있는 비법인사단은 그 사단에 속하는 부동산에 관하여 등기능력을 가진다.
12. 권리능력 없는 사단의 사원의 지위는 규약 또는 관행에 의해 달리 정함이 없는 한 양도할 수 없다.
13. 대표자 또는 관리인이 있는 경우, 비법인사단은 그 단체의 이름으로 민사소송의 당사자가 될 수 있다.
14. 법인 아닌 사단이 그 명의로 총유재산에 관한 소송을 제기할 때에는 특별한 사정이 없는 한 사원총회의 결의를 거쳐야 한다.
15. 비법인사단에는 대표권 제한의 등기에 관한 규정이 적용되지 않는다(등기할 수 있는 방법이 없으므로).
16. 비법인사단 대표자의 대표권이 정관으로 제한된 경우, 비법인사단은 그 등기가 없더라도 그 거래상대방이 대표권제한에 관하여 악의라면 이로써 대항할 수 있다.
17. 정관에서 사원총회의 결의를 거치도록 한 대외적 거래행위에 관하여, 권리능력 없는 사단의 대표자가 이를 거치지 않은 경우 거래 상대방이 그와 같은 대표권 제한 사실을 알았거나 알 수 있었을 경우가 아니면 그 거래행위는 유효하다.
18. 사단법인의 하부조직의 하나라 하더라도 스스로 단체로서의 실체를 갖추고 독자적인 활동을 하고 있다면 사단법인과는 별개의 독립된 비법인사단으로 볼 수 있다.
19. 법인 아닌 사단에서 이사에 결원이 생겨 손해가 생길 염려가 있는 경우, 임시이사의 선임에 관한 민법 제63조가 유추적용될 수 있다.
20. 사원이 존재하지 않게 된 경우, 법인 아닌 사단은 청산사무가 완료될 때까지 청산의 목적 범위 내에서 권리의무의 주체가 된다.
21. 법인 아닌 사단의 재산귀속 형태는 총유이다.
22. 비법인사단인 교회의 재산에 대하여 각 교인은 그 지분권을 인정받을 수 없다.
23. 법인 아닌 사단의 대표자가 사원총회의 결의를 거치지 않고 설계용역계약을 체결하였다면 특별한 사정이 없는 한 그 계약은 유효하다(단순 채무부담행위에 불과).
24. 비법인사단이 타인 간의 금전채무를 보증하는 행위는 총유물의 관리·처분행위로 볼 수 없다(단순 채무부담행위에 불과).
25. 비법인사단이 총유물에 관한 매매계약을 체결하는 행위는 그 자체의 처분이 따르는 채무부담행위로서 처분행위에 해당한다.
26. 비법인사단의 구성원은 지분권에 기하여 단독으로 총유물의 보존행위를 할 수 없다(총유에는 지분이 없다).
27. 매매계약에 의하여 부담하고 있는 채무의 존재를 인식하고 있다는 뜻을 표시한 소멸시효 중단사유로서의 승인은 총유물의 관리·처분행위에 해당하지 않는다(보존행위).

28. 종중재산의 분배에 관한 종중총회의 결의내용이 현저하게 불공정하거나 선량한 풍속 기타 사회질서에 반하는 경우 그 결의는 무효이다.
29. 위의 경우, 새로운 종중총회의 결의가 없으면 종원은 곧바로 종중을 상대로 스스로 공정하다고 주장하는 분배금의 지급을 구할 수 없다.
30. 종중 토지에 대한 수용보상금을 종원에게 분배하기로 한 종중총회의 결의가 있었다면, 그 분배대상자인 종원은 종중에 대하여 직접 분배금의 청구를 할 수 있다.
31. 공동선조의 성과 본을 같이 하는 후손인 여성은 성년이 되면 종중의 구성원이 된다.
32. 공동선조의 후손 중 특정지역 거주자나 지파 소속 종원만으로 조직체를 구성하여 활동하고 있다면 이는 고유한 의미의 종중으로 볼 수 없다.
33. 이미 성립된 종중의 공동선조의 후손 중 한 사람을 공동선조로 하는 종중도 성립될 수 있다.
34. 일부 종원의 자격을 영구히 박탈하는 것을 내용으로 하는 종중규약의 개정은 무효이다.
35. 일부 종중원에 대한 소집통지를 결여한 종중총회 결의는 무효이다.
36. 종중의 규약이나 관행에 의하여 매년 일정한 날에 일정한 장소에서 정기적으로 집합하여 종중의 대소사를 처리하기로 되어 있는 경우 별도의 소집절차가 필요하지 않다.
37. 총회 예정일이 2019.3.15. 오전 10시라면, 늦어도 2019.3.7. 24시까지는 종원들에게 소집통지를 발송하여야 한다.
38. 소집절차에 하자가 있어 그 효력을 인정할 수 없는 종중총회의 결의는 후에 적법하게 소집된 종중총회에서 이를 추인하면 처음부터 유효로 된다.
39. 비법인사단의 구성원들이 집단으로 탈퇴하면, 그 단체는 두 개의 비법인사단으로 분열된다고 볼 수 없고, 이 때 각 비법인사단은 종전의 재산을 구성원 수의 비율로 총유한다고 볼 수도 없다.
40. 소속교단에서의 탈퇴는 사단법인 정관변경에 준하여 의결권을 가진 교인 3분의 2 이상의 찬성에 의한 결의를 필요로 하고, 그 결의요건을 갖추어 소속교단을 탈퇴한 경우에 종전교회의 실체는 이와 같이 교단을 탈퇴한 교회로서 존속하고 종전교회재산은 위 탈퇴한 교회 소속교인들의 총유로 귀속된다.
41. 교인들이 집단적으로 교회를 탈퇴한 경우, 법인 아닌 사단인 교회가 2개로 분열된다고 볼 수 없고, 분열되기 전 교회의 재산은 분열된 각 교회의 구성원들에게 각각 총유적으로 귀속된다고 볼 수도 없다.

해커스행정사
adm.Hackers.com

제4장

권리의 객체

제4장 권리의 객체

제1절 ▎물건

의의 및 요건	조문	제98조【물건의 정의】 본법에서 물건이라 함은 유체물 및 전기 기타 관리할 수 있는 자연력을 말한다.
	요건	① 유체물 및 관리가능한 자연력(배타적 지배가능성) ② 외계의 일부 　• 사람이 아닌 외계의 일부여야 한다. 　• 유체는 매장·제사 등을 위한 특별한 목적 ➡ 제사주재자에게 귀속(사망 전 유체처분의사가 있었어도 제사주재자는 기속되지 않는다) ③ 독립한 물건: 현존·독립·특정되어야 한다.
	유동 집합물	① 일단의 증감변동하는 동산의 집합물에 대한 양도담보설정계약도 유효할 수 있다. ② 목적동산이 담보설정자의 다른 물건과 구별될 수 있도록 그 종류·장소 또는 수량지정 등의 방법에 의하여 특정되어 있으면 그 전부를 하나의 재산권으로 보아 이에 대해 유효한 담보권이 설정된 것으로 볼 수 있다. ③ 담보권이 산출물에게도 미치는지 여부(예 새끼돼지에도 담보권 효력 미치는가?) 　• 원칙: 천연과실의 수취권은 사용수익권자(= 양도담보설정자) ➡ 미치지 않는다. 　• 예외: 특약이 있다면 미칠 수 있다.

제2절 ▎구체적 물건의 모습

Ⅰ. 동산과 부동산

부동산	조문	제99조【부동산, 동산】 ① 토지 및 그 정착물은 부동산이다. ② 부동산 이외의 물건은 동산이다.	
	토지	• 일정 범위의 지표면을 말한다. 토지의 소유권은 정당한 이익이 있는 범위 내에서 토지 상하에 미친다. • 토석은 토지의 기본적 구성요소로서 그 자체의 굴취, 채취를 목적으로 하는 경우를 제외하고는 토지와 분리하여 별도로 소유의 대상이 될 수 없다. • 토지의 개수는 지적공부상의 필수를 기준으로 한다.	
	정착물	건물	• 토지로부터 별개의 부동산이다(별개의 공시방법인 등기제도가 마련되어 있다). • 사회통념상 기둥·주벽·지붕이 있어야 한다.

	입목	① 수목의 집단, 미분리의 과실, 토지에 부착된 수목 등은 토지의 일부 또는 구성부분이다(토지에 부합). ② 별도의 공시방법을 갖추면 독립한 물건으로 인정된다. • 특별법상 공시방법) 입목등기: 독립한 물건 • 관습법상 공시방법) 명인방법: 독립한 물건
	농작물	• 농작물은 원칙적으로 토지의 일부로서 토지에 부합한다. • 적법한 경작권 없이 타인의 토지를 경작하였더라도 그 경작한 농작물이 성숙하여 독립한 물건으로서의 존재를 갖추었으면 그 농작물의 소유권은 경작자에게 귀속한다.
동산	의의	부동산 이외의 모든 물건
	금전	• 금전은 동산의 일종이지만, 일반적인 동산과 달리 물리적 가치보다는 일정한 재산적 가치로서 기능하는 특수한 성질이 있다. • 소유와 점유가 언제나 일치하므로 물권적 청구권이 인정되지 않고 부당이득반환이나 불법행위에 의한 손해배상청구권과 같은 채권적 청구권에 의하여 반환받을 수 있을 뿐이다.

Ⅱ. 주물과 종물

조문	제100조【주물, 종물】① 물건의 소유자가 그 물건의 상용에 공하기 위하여 자기 소유인 다른 물건을 이에 부속하게 한 때에는 그 부속물은 종물이다. ② 종물은 주물의 처분에 따른다.
요건	① 주물의 사용에 공할 것 • 사회통념상 주물 자체의 경제적 효용을 높이는 작용 • 주물 그 자체의 효용과는 관계없이 주물의 소유자 등의 사용에 공여되는 물건은 주물이 아님(예 호텔의 전화기) ② 부속되어 있을 것 ③ 주물과 종물이 모두 동일한 소유자에 속할 것 ④ 물건의 독립성: 종물은 주물로부터 독립된 물건이어야 함
예	<table><tr><th>종물인 경우</th><th>종물이 아닌 경우</th></tr><tr><td>① 주유소 - 주유기 ② 농지 - 양수시설 ③ 횟집건물 - 수족관 ④ 본채 - 떨어져 있는 창고, 변소 ⑤ 백화점 - 전화교환설비</td><td>① 신 폐수처리시설 - 구 폐수처리시설 ② 주유소 - 유류저장탱크 ③ 건물 - 정화조 ④ 호텔 - 텔레비전, 세탁기 등</td></tr></table>
효과	• 수반성: 종물은 주물의 처분에 따른다. • 저당권의 효력: 저당권의 효력은 저당부동산에 부합된 물건과 종물에 미친다. • 임의규정: 당사자는 주물을 처분할 때에 특약으로 종물을 제외할 수 있고 종물만을 별도로 처분할 수도 있다

확대적용	• 민법 제100조 제2항은 물건 상호 간의 관계뿐 아니라 권리 상호 간에도 적용된다. • 건물의 소유를 목적으로 하여 토지를 임차한 사람이 그 토지 위에 소유하는 건물에 저당권을 설정한 때에는 저당권의 효력이 건물뿐 아니라 건물의 소유를 목적으로 한 토지의 임차권에도 미친다.
의의	부동산 이외의 모든 물건
금전	• 금전은 동산의 일종이지만, 일반적인 동산과 달리 물리적 가치보다는 일정한 재산적 가치로서 기능하는 특수한 성질이 있다. • 소유와 점유가 언제나 일치하므로 물권적 청구권이 인정되지 않고 부당이득반환이나 불법행위에 의한 손해배상청구권과 같은 채권적 청구권에 의하여 반환받을 수 있을 뿐이다.

Ⅲ. 원물과 과실

조문		제101조【천연과실, 법정과실】① 물건의 용법에 의하여 수취하는 산출물은 천연과실이다. ② 물건의 사용대가로 받는 금전 기타의 물건은 법정과실로 한다. 제102조【과실의 취득】① 천연과실은 그 원물로부터 분리하는 때에 이를 수취할 권리자에게 속한다. ② 법정과실은 수취할 권리의 존속기간일수의 비율로 취득한다.
천연 과실	의의	• 용법에 의하여 = 원물의 경제적 용도에 따른다는 의미 • 산출물 = 자연적, 인공적으로 수취되는 물건
	귀속	수취할 권리자는 원칙적으로 원물을 사용·수익할 권리가 있는 자이다. 예 소유자, 선의의 점유자(제201조), 지상권자(제279조), 전세권자(제303조), 유치권자(제323조), 질권자(제343조), 저당권자(제359조), 인도 전 매도인(제587조), 사용차주(제609조), 임차인(제618조), 친권자(제923조), 수증자(제1079조)
법정 과실		• 물건의 사용대가: 예 임대차에서의 차임, 금전소비대차에서의 이자 등, 권리의 사용대가는 법정과실이 아니다. • 법정과실은 수취할 권리의 존속기간 일수의 비율로 취득한다. • 물건을 현실적으로 사용하여 얻는 사용이익의 실질은 과실과 다르지 않으므로 법정과실에 준하여 취급한다.
과실이 아닌 것		권리에 대한 과실(주식배당금 등), 권리사용의 대가(특허권의 사용료 등), 노동의 대가(임금), 매매대금 등은 물건으로부터 생긴 것이 아니므로 민법상의 과실이 될 수 없다.

핵심빈출 정지문

1. 유체·유골은 물건의 성질은 인정하지만 보통의 소유권 등의 대상이 되는 물건과는 다르게 오로지 매장·제사 등 특정한 목적을 위한 특수한 소유권으로 보아야 한다.
2. 피상속인이 유언으로 자신의 유골의 매장장소를 지정하였다 하더라도 제사주재자에게 피상속인의 의사에 따를 법률적 의무가 있는 것은 아니다.
3. 전기는 관리 가능한 자연력이므로 물건이다.
4. 증감 변동하는 동산이라 하더라도 장소, 종류, 수량 등이 특정되어 있는 집합물은 양도담보(물권)의 대상이 될 수 있다.
5. 부동산 이외의 물건은 모두 동산이다.

6. 건물의 개수는 건물의 객관적, 주관적 사정을 고려하여 결정되는 것이지 공부상의 등록에 의해서만 결정되는 것은 아니다.
7. 타인의 토지에 권원 없이 자신의 수목을 식재한 자가 이를 부단히 관리하고 있다 하더라도 그 수목은 원칙적으로 토지에 부합한다.
8. 입목에 관한 법률에 따라 입목등기를 한 수목의 집단 또는 명인방법을 갖춘 수목의 경우에는 독립하여 거래의 객체가 된다(저당권 객체 - 명인방법 × / 입목등기 ○).
9. 적법한 경작권 없이 타인의 토지를 경작하였더라도 그 경작한 농작물이 성숙하여 독립한 물건으로서 존재를 갖추었다면 그 농작물의 소유권은 경작자에게 속한다.
10. 1동의 건물의 일부라 하더라도 독립한 소유권의 객체가 될 수 있다(구조상·이용상 독립성 + 구분행위).
11. 독립한 건물이라 할 수 있으려면 최소한 기둥과 지붕 그리고 주벽이 이루어져 있어야 한다.
12. 동산이라 하더라도 선박·자동차·항공기 등 별도의 공시방법을 갖추고 있다면 부동산과 같이 취급될 수 있다.
13. 우리 민법은 금전을 특수한 물건으로 취급하여, 자기 소유의 금전을 타인이 점유했다 하더라도 물권적 반환청구권을 행사할 수 없다(금전은 소유와 점유가 일치한다).
14. 주물의 소유자의 상용에 공여되고 있더라도 주물 자체의 효용과 관계가 없는 물건은 종물이 아니다.
15. 종물은 주물과 다른 사람의 소유에 속하면 안 되고, 독립한 물건이어야 한다.
16. 주물과 종물은 동일한 소유자에 속하여야 하지만 법률상 하나의 물건으로 취급되는 것은 아니다.
17. 주유소의 주유기는 특별한 사정이 없는 한 주유소 건물의 종물이다(유류저장탱크는 종물이 아니고 토지와 부합된 물건이다).
18. 주물은 종물의 처분에 따른다고 규정한 민법 제100조의 '처분'에는 공법상 처분(압류 등)도 포함한다.
19. 당사자는 주물을 처분할 때 특약으로 종물을 제외할 수 있고, 당사자 의사에 의해 종물만을 별도로 처분할 수 있다(임의규정).
20. 주택에 부속하여 지어진 연탄창고는 그 주택에서 떨어져 지어진 것이라도 그 주택의 종물이다.
21. 주물과 종물의 관계에 관한 권리는 특별한 사정이 없는 한 권리 상호 간의 관계에도 미친다(주된 권리 - 종된 권리).
22. 원본채권이 양도되면 이자채권도 당연히 함께 양도되는 것이 원칙이나, 이미 변제기에 도달한 이자채권은 당연히 함께 양도되지 않는다.
23. 종물이론은 타인 소유 토지 위에 존재하는 건물의 소유권과 그 건물의 부지에 관한 건물소유자의 토지임차권 사이에도 유추적용될 수 있다.
24. 어떠한 권리를 다른 권리에 대하여 종된 권리라고 할 수 있으려면 종물과 마찬가지로 다른 권리의 경제적 효용에 이바지하는 관계에 있어야 한다.
25. 증축부분이 물리적으로 구조뿐만 아니라 용도와 기능 면에서도 기존 건물과 독립한 별개의 소유권의 객체가 될 수 없는 경우에는 기존 건물에 부합된 것이지 종물이 아니다.
26. 천연과실은 물건의 용법에 의하여 수취하는 산출물이고, 그 원물로부터 분리된 때 이를 수취할 권리자에게 속한다.
27. 법정과실은 수취할 권리의 존속기간일수의 비율로 취득하고, 천연과실은 그 원물로부터 분리하는 때에 이를 수취할 권리자에 속한다.
28. 물건의 사용대가로 받는 금전 기타 물건은 법정과실이다.
29. 건물의 임대료, 이자는 법정과실에 해당한다. 노동의 대가인 임금은 법정과실이 아니다.
30. 국립공원의 입장료는 토지의 사용대가라는 민법상 과실이 아니라 수익자부담의 원칙에 따라 국립공원의 유지·관리비용의 일부를 국립공원 입장객에게 부담시키고자 하는 것이어서 토지의 소유권이나 그에 기한 과실수취권과는 아무런 관련이 없다.
31. 법정과실은 물건의 사용대가로 받는 금전 기타의 물건을 말하고, 권리의 사용대가로 받는 것은 포함되지 않는다.
32. 권리의 과실은 민법상의 과실이 아니다.

해커스행정사
adm.Hackers.com

제5장

권리의 변동

제5장 권리의 변동

제1절 ▌ 권리변동

Ⅰ. 권리변동의 모습

취득	원시취득		시효취득, 신축, 유실물 습득, 무주물선점, 매장물 발견, 재결수용, 선의취득 등
	승계취득	이전적 승계	특정(매매, 증여, 교환 등), 포괄(상속, 포괄유증, 합병 등)
		설정적 승계	전세권, 저당권의 취득 등
변경	주체		이전적 승계 등에 의한 당사자 변경
	내용		질적(이전등기청구권 → 손해배상청구권), 양적(제한물권설정으로 소유권 감소)
	효력		저당권의 순위 상승
소멸	절대적		목적물의 멸실, 권리의 포기
	상대적		매매로 인한 전 소유자의 소유권 소멸

Ⅱ. 권리변동의 원인

법률 요건	• 법률효과를 발생하게 하는 원인 내지 법률관계변동의 원인 • 권리의 변동을 가져오는 법률요건은 법률행위(계약 등)와 법률의 규정(상속, 판결, 경매 등)이 있다.
법률 사실	• 법률요건을 구성하는 개개의 사실 • 사람의 정신작용에 기한 법률사실인 용태와 정신작용에 기하지 않은 법률사실인 사건으로 나누어진다.

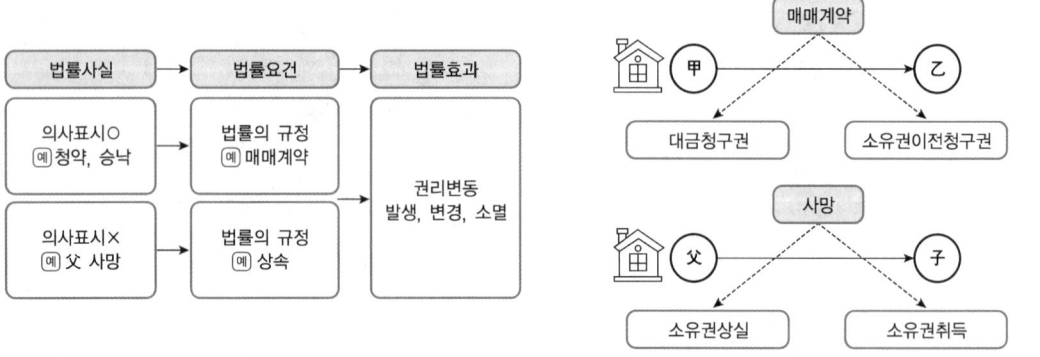

용태	외부적	적법행위	의사표시		청약, 승낙, 유언, 추인, 해제, 해지, 동의, 면제, 포기
			준법률행위	표현행위	의사의 통지	무능력자 상대방의 최고, 무권대리인 상대방의 최고
				관념의 통지	사원총회 소집통지, 대리권수여의 표시, 시효완성 전 채무의 승인, 공탁의 통지, 채권양도의 통지·승낙, 승낙연착의 통지
				감정의 통지	망은행위에 대한 용서, 이혼사유에 대한 용인
			비표현행위	순수사실 행위	매장물 발견, 가공, 주소의 설정
				혼합사실 행위	선점, 물건의 인도, 부부의 동거, 사무관리, 유실물습득
		위법행위	채무불이행, 불법행위
	내부적	관념적 용태	선의·악의·정당한 대리인이라는 신뢰
		의사적 용태	점유의 의사, 소유의 의사
사건	물건의 자연적 발생과 소멸, 시간의 경과, 사람의 출생·사망·실종, 천연과실의 분리, 물건의 부합·혼화·파괴·혼동, 부당이득

제2절 ▎법률행위

I. 서설

1. 의의 및 요건

의의	법률행위는 일정한 법률효과의 발생을 목적으로 하는 의사표시를 불가결의 요소로 하는 법률요건을 말한다.		
요건	구분	성립요건	효력요건
	일반요건	• 당사자의 존재 • 법률행위 목적의 존재 • 의사표시의 존재	• 능력이 있을 것(권리, 행위, 의사) • 확정, 가능, 적법, 사회적 타당성 • 의사 = 표시 / 하자 無
	특별 요건	요물계약에서 인도, 혼인에서 신고 등	대리권 존재, 조건의 성취·기한의 도래, 토지거래허가구역에서의 허가

2. 의사표시 형태에 따른 법률행위의 종류

단독행위	일방적 의사표시만으로 효력 발생	
	상대방 有	동의, 철회, 상계, 추인, 취소, 면제, 해제, 해지, 공유지분의 포기
	상대방 無	유증, 재단법인의 설립, 권리의 포기
계약	대립하는 의사표시의 합치	
	증여, 매매, 교환, 소비대차, 사용대차, 임대차, 고용, 도급, 현상 광고, 위임, 임치, 조합, 종신정기금, 화해	
합동행위	사단법인 설립행위	

3. 이행의 문제에 따른 법률행위의 종류

이행부담행위	채권행위	이행문제 ○	매매, 교환, 임대차 등
처분행위	물권행위	이행문제 ×	소유권이전, 저당권설정행위 등
	준물권행위	이행문제 ×	채권양도, 채무면제 등

계약 → 이행 → 권리변동
급부청구권
채권 물권

핵심빈출 정지문

1. 시효, 건물의 신축, 유실물 습득, 무주물선점, 매장물 발견, 재결수용 등으로 인한 권리의 취득은 원시취득이다.
2. 저당권설정, 전세권설정 등에 의해 권리를 취득하는 것은 승계취득이다.
3. 매매나 증여에 의한 권리취득은 특정승계취득이고, 상속 또는 합병은 포괄승계취득이다.
4. 임대차계약은 청약과 승낙이라는 의사표시의 합치로 성립하는 법률요건이다.
5. 무권대리행위의 추인 여부에 관한 상대방의 최고는 의사의 통지이다.
6. 채무이행의 최고, 채무의 승인, 채권양도의 통지 등은 준법률행위이다.
7. 대리행위에서 대리권의 존재는 법률행위의 효력발생요건이다.
8. 농지취득자격증명은 농지매매의 효력발생요건이 아닌 등기요건이다.
9. 정지조건부 법률행위에서 조건의 성취는 법률행위의 효력발생요건이다.
10. 재단법인의 설립행위는 상대방 없는 단독행위이다.
11. 사단법인의 설립행위는 합동행위이다.
12. 동의, 철회, 해제, 추인, 취소, 상계는 상대방 있는 단독행위이고, 유언, 소유권의 포기 등은 상대방 없는 단독행위이다.
13. 교환, 임대차, 주택분양계약은 의무부담행위이다.
14. 부동산의 매각, 저당권의 설정, 지상권의 설정, 채권의 양도는 처분행위이다.
15. 계약 등 의무부담행위는 이행의 문제가 남게 된다.
16. 처분권이 없는 자가 매매계약을 체결한 경우 그 계약은 효력이 있다. 그 자가 목적물의 소유권 양도를 마쳤다면(물권행위) 그 효력은 무권리자 처분행위로 무효이다.

Ⅱ. 법률행위의 목적

1. 확정성 및 가능성

확정	• 법률행위 목적은 실현할 당시(이행기)까지 확정되어 있어야 한다. • 매매계약에 있어 매매목적물과 대금은 반드시 그 계약체결 당시에 구체적으로 특정되어 있을 필요는 없고 이를 사후라도 구체적으로 특정하는 방법과 기준이 마련되어 있으면 된다.			
가능	의의	• 법률행위는 객관적 실현가능성이 있는 것이어야 한다. • 불능인지 여부는 사회관념에 의해 정해진다.		
	불능의 유형	**유형**		**효과**
		원시적	객관적 전부	• 법률행위 무효 • 계약체결상 과실책임(제535조)
			객관적 일부	담보책임(제574조 - 수량 부족·일부멸실)
			주관적 전부	담보책임(제570조 - 타인권리매매)
			주관적 일부	담보책임(제572조 - 타인권리매매)
		후발적	객관적	• 채무자의 귀책이 있으면 채무불이행(제390조)
			주관적	• 채무자의 귀책이 없으면 위험부담(제537조, 제538조)
	(TIP) 원시적·후발적: 성립 당시 실현 불가능 여부 (TIP) 객관적·주관적: 당해 채무자만 실현 불가능한지 여부 (TIP) 전부·일부: 불능의 범위			

2. 목적의 적법성

조문	제105조【임의규정】법률행위의 당사자가 법령 중의 선량한 풍속 기타 사회질서에 관계없는 규정과 다른 의사를 표시한 때에는 그 의사에 의한다.	
의의	• 민법상 "선량한 풍속 기타 사회질서"에 관한 규정을 강행규정이라고 하고 그렇지 않은 규정을 임의규정이라고 한다. 강행규정에 반하는 법률행위는 무효이다 • 목적의 적법성이란 법규정 중 강행규정에 반하지 않는다는 의미이다.	
효력규정과 단속규정	효력규정	① 규정이 금지하고자 하려고 하는 것이 행위의 발생인 경우 ② 위반 시 절대적 무효
		• 부동산 명의신탁(부동산실명법) • 초과중개수수료 금지(중개사법) • 무등록중개업 금지(중개사법) • 토지거래허가 규정(국토계획법) • 최고이자율(이자제한법) • 투자수익보장약정 금지(증권거래법)

단속규정	① 금지규정이 규제하려고 하는 것이 행위 그 자체인 경우 ② 위반하였다 하더라도 사법상의 효력에는 영향이 없고 행정적 제재가 있을 수 있을 뿐이다. • 부동산등기 특별조치법상 중간생략등기 금지규정 • 증권거래법상 일임매매 제한규정 • (구) 상호신용금고법상 동일인 대출액 한도규정 위반 • 주택건설촉진법상 국민주택규모 전매제한 규정 • 공인중개사법상 개업공인중개사와 의뢰인 간의 직접거래 금지규정 • 지역주택조합의 조합원 자격에 관한 (구) 주택법 규정

핵심빈출 정지문

1. 매매계약 체결 당시 목적물과 대금이 구체적으로 확정되지 않았다 하더라도 사후에 구체적으로 확정될 수 있는 방법과 기준이 정해져 있다면 계약의 성립을 인정할 수 있다.
2. 법률행위의 목적은 법률행위 시에 반드시 확정되어 있을 필요는 없다.
3. 효력규정인 강행법규에 위반하는 법률행위는 무효이다.
4. 법률행위의 목적이 물리적으로는 실현될 수 있어도 사회통념상 실현될 수 없는 것은 불능에 해당한다.
5. 계약이 성립했다면 그 후 채무이행이 불가능하게 되더라도 계약이 무효로 되는 것은 아니다.
6. 원시적·객관적·전부불능이 된 법률행위는 무효이다.
7. 이미 화재로 전소된 주택을 목적으로 하는 법률행위는 무효이나 계약체결상 과실책임이 문제될 수 있다.
8. 법률행위의 목적의 일부가 불능인 때에는 원칙적으로 전부를 불능으로 한다.
9. 후발적 불능의 경우에는 법률행위 자체는 유효하고, 채무불이행이나 위험부담의 문제가 발생한다.
10. 강행법규에 위반한 자가 스스로 그 약정의 무효를 주장하는 것은 특별한 사정이 없는 한 신의칙에 반하지 않는다.
11. 신의칙에 반하는 행위는 강행규정에 위배되는 것으로서 법원은 직권으로 판단할 수 있다.
12. 중간생략등기의 합의에 관한 사법상 효력은 유효이다.
13. 개업공인중개사 등이 중개의뢰인과 직접 거래를 하는 행위를 금지하는 공인중개사법 제33조 제6호는 효력규정이 아니므로, 그 직접거래행위 자체의 사법상 효력은 유효이다.
14. 부동산중개의 수수료약정 중 부동산중개업법상 소정의 한도액을 초과하는 부분에 대해서는 강행법규 위반이므로 그 한도액을 초과하는 부분의 수수료약정은 무효라고 보아야 한다.
15. 공인중개사 자격이 없는 자가 우연한 기회에 단 1회 타인 간의 거래행위를 중개한 경우 등과 같이 '중개를 업으로' 한 것이 아니라면 그에 따른 중개수수료 지급약정은 유효하다.
16. 강행규정위반의 무효는 원칙적으로 선의의 제3자에게도 주장할 수 있다.
17. 강행규정의 위반으로 인한 무효는 당사자의 추인에 의하여 유효로 될 수 없다.
18. 법률의 금지에 위반되는 행위라도 그것이 선량한 풍속 기타 사회질서에 위반하지 않는 경우에는 민법 제746조가 규정하는 불법원인에 해당하지 않는다.
19. 강행규정을 위반하여 계약이 무효가 된 경우, 계약 상대방이 선의·무과실이라 하더라도 진의 아닌 의사표시의 법리나 제126조 표현대리가 적용될 수 없다.
20. 이자제한법상 최고 이자율제한 규정은 효력규정이다.
21. (구) 국토의 계획 및 이용에 관한 법률상 토지거래허가구역 내의 토지매매에 대하여 허가를 요하는 규정은 효력규정이다.
22. 관할관청의 허가 없이 한 학교법인의 기본재산 처분행위는 효력규정 위반이다.
23. 부동산 실권리자명의 등기에 관한 법률상 명의신탁약정에 의한 물권변동에 관한 규정은 효력규정이다.
24. 주택법의 전매행위 제한을 위반하여 한 전매약정은 단속규정의 위반으로 사법상의 효력까지 무효가 되지는 않는다.

3. 목적의 사회적 타당성

조문	제103조【반사회질서의 법률행위】 선량한 풍속 기타 사회질서에 위반한 사항을 내용으로 하는 법률행위는 무효로 한다.
의의	법률행위의 목적이 개개의 강행규정에 위반하지 않더라도 사회적 타당성이 없는 경우, 일반적·추상적 규정인 제103조를 근거로 무효가 된다.
요건	① 판단시기: 법률행위 시 ② 객관적 요건 • 법률행위의 내용이 위반되는 경우 • 법률적으로 이를 강제하거나 법률행위에 반사회질서적인 조건 또는 금전적인 대가가 결부됨으로써 반사회질서적 성질을 띠게 되는 경우 • 표시되거나 알려진 법률행위의 동기가 반사회질서적인 경우
구체적 검토	**해당하는 경우 (무효)** • 제2매수인이 배임행위에 적극 가담한 부동산 이중매매행위 • 보험사고를 가장하여 보험금을 취할 목적으로 체결한 보험계약 • 보험계약자가 다수의 보험계약을 통하여 보험금을 부정취득할 목적으로 보험계약을 체결한 경우 • 수사기관에서 허위진술을 하고 대가를 제공받기로 하는 약정 • 범죄행위를 하지 않을 것을 조건으로 한 금전급부약정 • 사회통념상 허용한도를 초과하는 고율의 이자약정 • 증인이 증언을 조건으로 통상적으로 용인될 수 있는 수준을 넘어서는 대가를 받기로 한 경우 • 사찰의 존립에 필수불가결한 사찰재산의 증여행위 • 부첩계약 • 어떠한 일이 있어도 이혼하지 않겠다는 약정 • 변호사가 아닌 자가 승소를 조건으로 대가를 받기로 한 약정 • 변호사가 형사사건에 대해 체결한 성공보수약정 • 공무원의 직무에 관한 청탁과 그에 대한 보수지급의 약정 • 도박자금에 제공할 목적으로 금전을 대여하는 계약 • 도박으로 인한 채무의 변제로 토지를 양도하는 계약 • 종중임원이 종중재산 회복에 기여했다는 이유로 재산의 상당부분을 분배받는 약정 • 과도한 위약벌의 약정 **해당하지 않는 경우 (유효)** • 법률행위의 성립과정에서 강박이라는 불법적 방법이 사용된 데 불과한 경우 • 양도소득세를 회피하기 위해 부동산을 명의신탁한 경우 • 양도소득세를 회피할 목적으로 실제 거래대금보다 낮은 금액으로 계약서를 작성하여 매매계약을 체결한 행위 • 무허가 건물의 임대행위 • 전통사찰의 주지직을 거액의 금품을 대가로 양도하기로 하는 약정이 있음을 알고도 이를 묵인한 상태에서 한 종교법인의 주지임명행위 • 강제집행을 면할 목적으로 허위의 근저당권을 설정하는 행위 • 매매계약서에 실제 거래가액보다 낮은 금액의 매매대금으로 기재한 경우 • 범죄행위로 조성된 비자금을 소극적으로 은닉하기 위하여 임치하는 행위 • 변호사와 의뢰인 사이의 민사사건에 대한 성공보수약정

효과		• 부정행위를 용서받는 대가로 손해를 배상함과 아울러 가정에 충실하겠다는 서약의 취지에서 목적물의 명의를 처의 명의로 하고 부부관계가 유지되는 동안에는 처가 임의처분할 수 없다는 제한을 한 경우
	절대적 무효	• 누구에게나 주장할 수 있고, 누구나 주장할 수 있다(선의 제3자 보호 ×). • 부당이득반환의 법리 적용 • 무효행위 추인 × • 무효행위 전환 규정이 적용될 수 있다(제104조).
	부당이득 반환 여부	제741조 【부당이득의 내용】 법률상 원인 없이 타인의 재산 또는 노무로 인하여 이익을 얻고 이로 인하여 타인에게 손해를 가한 자는 그 이익을 반환하여야 한다. 제746조 【불법원인급여】 불법의 원인으로 인하여 재산을 급여하거나 노무를 제공한 때에는 그 이익의 반환을 청구하지 못한다. 그러나 그 불법원인이 수익자에게만 있는 때에는 그러하지 아니하다. • 법률행위가 무효인 경우, 급여자는 부당이득반환을 청구할 수 있는 것이 원칙 • 제746조의 "불법의 원인"에 대해 판례는 민법 제103조를 위반하는 경우에 한하여 적용 • 급여 = 종국적 처분 • 불법성 비교론: 불법의 원인이 수익자에게만 있거나 또는 수익자의 불법성이 급여자의 불법성에 비하여 현저히 큰 경우 반환청구가 가능하다.

4. 부동산 이중매매

사실관계	甲은 자신이 소유한 X부동산에 관하여 乙과 매매계약을 체결하였다. 그 후, 甲은 같은 부동산에 관하여 丙과 매매계약을 체결하고 소유권이전등기를 경료하였다.
丙선의 혹은 단순악의	채권자평등의 원칙, 자유경쟁의 원칙상 이중매매라는 것만으로는 정의에 반한다고 보기 어렵다. ① 甲과 丙 사이의 관계: 제2매매는 유효하고 丙은 완전한 소유권을 취득한다. ② 乙과 丙 사이의 관계: 乙은 어떠한 청구도 할 수 없다. ③ 甲과 乙 사이의 관계: 乙은 甲을 상대로 계약을 해제하고 이행불능을 원인으로 한 채무불이행 책임을 물을 수 있고(제390조), 불법행위책임도 물을 수 있다(제750조).
丙이 배임행위에 적극 가담한 경우	① 제2매매의 효력: 정의관념에 반하므로 제103조 위반으로 무효이다. ② 乙이 소유권을 취득할 수 있는 방법: 乙은 아직 소유권자는 아니므로 丙에게 직접 말소등기를 구하거나 자기에게 등기를 이전하라고 청구할 수 없다. 이 경우 乙은 甲에 대한 소유권이전등기 청구권을 피보전채권으로 하여 甲의 丙에 대한 말소등기청구권을 대위행사할 수 있다. 다만 채권자취소권의 행사는 불가하다. ③ 乙은 丙을 상대로 직접 불법행위에 의한 손해배상청구권을 행사할 수 있다.

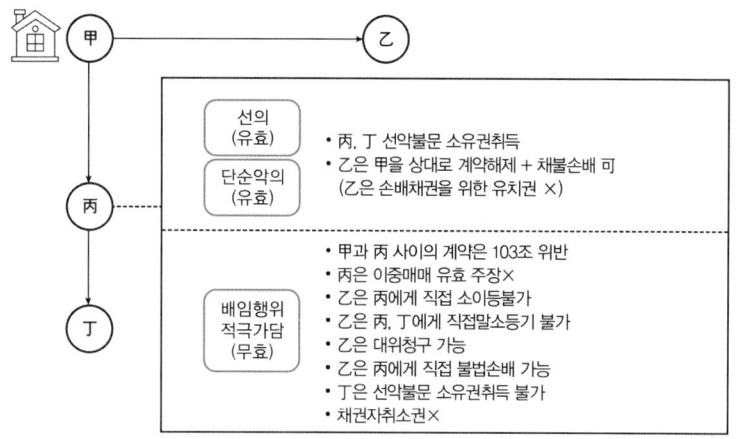

5. 불공정한 법률행위

조문	제104조【불공정한 법률행위】당사자의 궁박, 경솔 또는 무경험으로 인하여 현저하게 공정을 잃은 법률행위는 무효로 한다.	
의의	• 상대적 약자의 지위에 있는 자의 궁박·경솔·무경험을 이용한 폭리행위를 하는 법률행위는 절대적 무효이다. • 통설은 제104조를 제103조의 반사회질서 행위의 예시규정으로 본다.	
요건	객관적	① 급부와 반대급부 사이의 현저한 불균형 ② 피해자의 궁박·경솔·무경험 • 대리인에 의할 경우: 경솔과 무경험은 대리인 기준 / 궁박은 본인 기준 • 궁박: 급박한 곤궁을 의미하는 것으로 경제적 원인에 기인할 수도 있고 정신적 또는 심리적 원인에 기인할 수도 있다. • 무경험: 어느 특정 영역에 있어서의 경험 부족이 아니라 거래일반에 대한 경험 부족
	시기적	현저한 불균형의 시점은 법률행위가 이루어진 시점을 기준으로 한다.
	주관적	폭리의사: 피해자의 궁박·경솔·무경험의 사정을 알고 이용하려는 의사
	입증책임	스스로 궁박·경솔·무경험으로 인한 법률행위였다는 사실, 현저한 불균형, 상대방의 악의 등을 모두 입증해야 한다.
효과	= 제103조	
적용범위	무상행위 ×	증여, 기부행위(급부의무가 없으므로)
	단독행위 ○	채권포기 행위
	경매 ×	법률의 규정에 의한 권리변동(당사자의 의사가 개입될 수 없으므로)

Ⅲ. 법률행위의 해석

의의		• 불명확한 법률행위의 내용을 확정하는 것 • 우선 표시와 당사자의 진정한 내심의 효과의사를 밝히는 자연적 해석을 하고, 그 일치 여부가 확정되지 않은 때에는 표시행위의 객관적 의미를 밝히는 규범적 해석을 해야 하며 해석 결과 법률행위의 흠결이 발견되면 마지막으로 보충적 해석을 하여야 한다.
해석방법	자연적 해석	① 당사자 사이에 사실상의 이해가 일치하는 경우 ② 쌍방 당사자의 진정한 의사가 무엇인가를 탐구 ③ 잘못된 표시를 하였더라도 자연적 해석에 의해 당사자의 의사가 합치된 것이 인정된 이상 착오(제109조)에 의한 취소가 발생할 여지가 없다(오표시 무해의 원칙).
	규범적 해석	① 당사자 사이에 사실상의 이해가 일치하지 않는 경우 ② 내심의 효과의사와 표시행위가 일치하지 않는 경우에 표시행위의 객관적 의미 혹은 상대방이 그 표시에 부여한 의미를 탐구 ③ 결국 상대방의 입장에서(상대방이 인식한 대로) 해석한다. 　• "모든 권리금을 인정함" ➔ 임대차 종료 시 권리금 반환하겠다는 약정으로 볼 수 없다. 　• 타인의 대출계약에 명의를 빌려준 경우 ➔ 금융기관에서는 명의자를 당사자로 인식하므로 명의자가 원칙적으로 주채무자가 된다.
	보충적 해석	임의규정을 통해도 약정상의 흠이 있는 경우 당사자가 법률행위의 흠결을 알았다면 정하였을 내용(가정적 의사)을 탐구하여 보충할 수 있다.
해석기준	조문	제105조【임의규정】법률행위의 당사자가 법령 중의 선량한 풍속 기타 사회질서에 관계없는 규정과 다른 의사를 표시한 때에는 그 의사에 의한다. 제106조【사실인 관습】법령 중의 선량한 풍속 기타 사회질서에 관계없는 규정과 다른 관습이 있는 경우에 당사자의 의사가 명확하지 아니한 때에는 그 관습에 의한다.
	의의	• 법률행위는 당사자가 의도한 목적을 중심으로 해석하는 것이 원칙이다. • 이 외에 사실인 관습, 임의법규, 신의성실의 원칙 등을 기준으로 삼을 수 있다.
	구체적 내용	• 당사자의 의사가 명확하지 않는 때에는 사실인 관습이 임의규정보다 우선하여 법률행위 해석의 기준이 된다. • 사실인 관습은 사회의 관행에 의해 발생한 사회생활규범으로서 사회의 법적확신이나 인식에 의해 법적규범으로 승인될 정도에 이르지 않은 것을 말한다. • 관습법은 법원으로 기능하나 사실인 관습은 법률행위 해석 기준으로 기능한다. • 사실인 관습은 그 존재를 당사자가 주장·입증하여야 한다.

핵심빈출 정지문

1. 선량한 풍속 기타 사회질서에 위반되는 내용의 법률행위는 반사회질서 법률행위로 무효이다.
2. 표시되거나 상대방에게 알려진 법률행위의 동기가 반사회질서적인 경우에, 동기뿐만 아니라 법률행위 전체가 무효이다.
3. 어떠한 법률행위가 선량한 풍속 기타 사회질서에 위반하는지는 특별한 사정이 없는 한 그 법률행위 당시를 기준으로 판단한다.
4. 법률적으로 이를 강제하거나 법률행위에 반사회질서적인 조건 또는 금전적인 대가가 결부됨으로써 반사회질서적 성질을 띠게 되는 경우도 제103조 위반이다.
5. 살인을 포기할 것을 조건으로 한 증여도 반사회적 법률행위이다.
6. 부첩관계의 종료를 해제조건으로 하는 증여계약은 반사회질서 법률행위에 해당된다.
7. 첩계약은 본처의 동의 유무에 관계없이 언제나 무효이다.
8. 부첩관계의 종료를 (정지)조건으로 금원이나 대가를 지급하기로 하는 약정은 유효하다.
9. 부첩관계를 해소하기로 하면서 첩과 두 딸의 장래의 생활대책을 마련해 주기 위해 금전의 지급을 약정하는 것은 사회질서에 반하는 행위로 볼 수 없다.
10. 부정행위를 용서받는 대가로 손해를 배상함과 아울러 가정에 충실하겠다는 서약의 취지에서 처에게 부동산을 양도하되, 부부관계가 유지되는 동안에는 처가 임의로 처분할 수 없다는 제한을 붙인 약정은 민법 제103조 소정의 반사회질서의 법률행위에 해당하지 않는다.
11. 보험금을 부정취득할 목적으로 체결된 다수의 생명보험계약은 그 목적에 대한 보험자의 인식 여부를 불문하고 무효이다.
12. 부동산매매계약 체결 시 매도인의 양도소득세를 절감하기 위하여 소유권이전등기를 일정 기간 이후에 하기로 한 약정은 선량한 풍속 기타 사회질서 위반으로 무효가 되지 않는다.
13. 강제집행을 면탈할 목적으로 부동산에 허위의 근저당권설정등기를 경료하는 행위는 반사회질서 법률행위에 해당하지 않는다.
14. 공무원의 직무에 관하여 특별한 청탁을 하고 보수를 지급할 것을 내용으로 하는 계약은 무효이다.
15. 법률행위의 성립과정에 강박이라는 불법적인 방법이 사용된 데 불과한 때에는 반사회질서의 법률행위로서 무효라고 할 수 없다.
16. 형사사건에서의 성공보수약정은 정의 관념에 반하는 행위로서 민법 제103조 위반이다(민사사건은 유효).
17. 소송에서 사실대로 증언하여 줄 것을 조건으로 어떠한 급부를 할 것을 약정한 경우, 그 급부가 통상적으로 용인될 수 있는 여비 등을 초과하는 것이 아니라면 그 급부약정이 무효라고 할 수 없다.
18. 참고인이 수사기관에 허위의 진술을 하는 대가로 일정한 급부를 받기로 한 약정은 선량한 풍속 기타 사회질서 위반으로 무효가 된다.
19. 행정기관에 진정서를 제출하여 상대방을 궁지에 빠뜨린 다음 이를 취하하는 조건으로 거액의 급부를 제공받기로 한 약정은 제103조 위반이다.
20. 어떠한 경우에도 이혼하지 않겠다는 당사자 사이의 약정은 반사회적 법률행위에 해당한다.
21. 채무자에게 의무를 강제하여 얻어지는 채권자의 이익에 비하여 과도하게 무거운 위약벌 약정은 민법 제103조 위반으로 무효가 될 수 있다.
22. 부녀가 상대방으로부터 금품이나 재산상의 이익을 받을 것을 약속하고 성행위를 하는 약속 자체는 사회질서에 위반한 사항을 내용으로 하는 법률행위로서 무효이다.
23. 성매매행위를 전제로 한 선불금의 대여행위는 반사회적 법률행위로 무효이다.
24. 금전소비대차계약 당시 이율이 사회통념상 허용되는 한도를 초과하여 현저하게 고이율로 정하여진 경우 허용될 수 있는 한도를 초과하는 부분의 이자약정은 민법 제103조 위반으로 무효이다.
25. 해외파견 후 귀국일로부터 일정기간 회사에 근무하지 않으면 해외파견 소요경비를 배상한다는 사규가 언제나 민법 제103조 위반으로 무효인 것은 아니다(연수, 교육을 한 경우 제103조 위반 ×).
26. 전통사찰의 주지직을 거액의 금품을 대가로 양도·양수하기로 하는 약정이 있음을 알고 이를 묵인 혹은 방조한 상태에서 한 종교법인의 주지임명행위는 민법 제103조 위반이 아니다.
27. 비자금을 소극적으로 은닉하기 위하여 임치한 것은 사회질서에 반하는 법률행위로 볼 수 없다.

28. 도박자금을 대여하는 행위나 대여받는 행위, 도박자금의 변제를 위해 토지를 양도한 행위 모두 반사회적 법률행위에 해당한다.
29. 반사회질서 법률행위는 절대적 무효이다(누구에게나, 누구도 주장 가능 / 전환 ○, 추인 ×).
30. 대물변제계약이 반사회적 법률행위로서 무효인 경우에도 목적부동산의 소유권을 이전받은 선의의 제3자에 대하여 무효를 주장할 수 있다.
31. 선량한 풍속 기타 사회질서에 반하는 법률행위의 무효는 그 법률행위를 기초로 하여 새로운 이해관계를 맺은 제3자에 대해서도 주장할 수 있다.
32. 어느 법률행위가 사회질서에 위반되어 무효인지 여부는 그 법률행위 시를 기준으로 판단하여야 한다.
33. 반사회질서의 법률행위는 당사자가 그 무효를 알고 추인한다 하여 그때부터 유효로 되지 않는다.
34. 매매계약이 반사회적 법률행위에 해당하여 무효인 경우, 특별한 사정이 없는 한 그 계약에 관한 부제소 합의도 무효가 된다.
35. 불법의 원인으로 인하여 재산을 급여하거나 노무를 제공한 때에는 그 이익의 반환을 청구하지 못하나, 그 불법원인이 수익자에게만 있는 때에는 그러하지 아니하다(또는 불법성 비교론).
36. 불법원인급여에 있어 '불법'이란 민법 제103조 및 제104조 위반을 의미하고 강행법규의 위반은 포함하지 않는다.
37. 불법원인급여는 급여자의 의사에 기하여 종국적인 재산상의 이익을 주는 급여를 요건으로 한다.
38. 도박자금 대여채권을 담보하기 위한 근저당권설정등기가 경료되었을 뿐인 경우, 저당권설정자는 무효인 근저당권설정등기의 말소를 구할 수 있다(∵ 종국성 없다).
39. 불법원인급여에 해당하며 반환청구가 부정되는 경우 급여자는 물권적 청구권에 의한 반환 및 불법행위를 원인으로 하는 손해배상을 청구할 수 없다.
40. 윤락행위를 할 사람을 고용하면서 선불금을 지급하여 그 선불금을 빌미로 성매매를 권유하거나 강요한 경우, 그 선불금은 불법원인급여에 해당하여 그 반환을 청구할 수 없다.

[41.~50.] 甲: 매도인 / 乙: 제1매수인 / 丙: 제2매수인

41. 丙이 甲·乙 간의 매매계약 사실에 대해 악의라 하더라도, 甲·丙 사이의 매매계약이 언제나 반사회질서의 법률행위로서 무효가 되는 것은 아니다.
42. 특별한 사정이 없다면, 甲이 丙에게 소유권이전등기를 경료해 준 시점에서 甲의 乙에 대한 소유권이전등기 의무는 이행불능이 된다.
43. 乙은 甲에게 소유권 이전의무의 이행불능을 이유로 최고 없이 매매계약을 해제하고 전보배상을 청구할 수 있다.
44. 丙이 X부동산에 관한 소유권이전등기를 丁에게 경료하였다면, 특별한 사정이 없는 한 丁은 선악을 불문하고 소유권을 취득한다.
45. 丙이 甲의 제2매매행위에 적극 가담한 경우, 丙은 소유권을 취득할 수 없다.
46. 丙이 甲의 제2매매행위에 적극 가담한 경우라 하더라도 乙이 직접 丙을 상대로 등기의 말소를 청구할 수는 없다.
47. 甲과 丙의 계약이 제103조 위반으로 무효인 경우, 乙은 甲의 등기말소청구권을 대위행사할 수 있다.
48. 丙이 甲의 제2매매행위에 적극 가담한 경우, 乙은 丙에 대하여 불법행위를 이유로 손해배상을 청구할 수 있다.
49. 丙이 甲의 제2매매행위에 적극 가담한 경우, 乙은 소유권이전청구권의 보전을 위하여 甲·丙 사이의 매매계약에 대하여 채권자취소권을 행사할 수 없다.
50. 丙이 甲의 제2매매행위에 적극 가담한 경우, 丙으로부터 X부동산을 전득한 丁이 선의라 하더라도 소유권을 취득할 수 없다.
51. 부동산 이중매매의 법리는 이중으로 부동산 임대차계약이 체결되는 경우에도 적용될 수 있다.
52. 제104조의 규정에서 급부와 반대급부 사이의 현저한 불균형은 당사자의 주관적 가치가 아닌 거래상의 객관적 가치에 의하여 판단한다.
53. 불공정한 법률행위가 성립하려면 궁박, 경솔, 무경험 중 한 가지만 만족하면 족하다.
54. 급부와 반대급부 사이의 현저한 불균형을 판단함에 있어서 피해 당사자의 궁박, 경솔 또는 무경험의 정도가 고려되어야 한다.

55. 무경험은 생활체험의 부족을 의미하는 것으로, 거래일반에 대한 경험 부족을 말하고 특정 영역에 있어서의 경험 부족을 의미하는 것은 아니다.
56. 궁박은 경제적 원인에 한정되지 아니하며, 정신적 또는 신체적 원인에 기인한 것을 포함한다.
57. 법률행위가 대리인에 의해서 행해진 경우, 궁박 상태는 본인을 기준으로 판단하고 경솔 및 무경험은 대리인을 기준으로 판단한다.
58. 급부 간 현저한 불균형이 있더라도 폭리자가 피해 당사자 측의 사정을 알면서 이를 이용하려는 의사(폭리의사)가 없다면 불공정한 법률행위가 아니다.
59. 급부와 반대급부가 현저히 균형을 잃었다 하여 법률행위가 궁박, 경솔, 무경험으로 인해 이루어진 것으로 추정하지는 않는다.
60. 폭리행위는 무효이고 추인 또는 법정추인으로 유효가 될 수도 없다(무효행위의 전환 ○).
61. 불공정한 법률행위에 관한 규정은 무상행위(증여계약) 또는 경매절차에는 적용하지 아니한다.
62. 쌍무계약이 불공정한 법률행위에 해당하여 무효인 경우, 그 계약에 관한 부제소합의는 원칙적으로 무효이다.
63. 어떠한 법률행위가 불공정한 법률행위라고 주장하는 자는 스스로 궁박·경솔·무경험으로 인하였음을 증명하여야 한다.
64. 의사표시의 해석은 당사자가 그 표시행위에 부여한 객관적인 의미를 논리칙과 경험칙에 따라 명백하게 확정하는 것이다.
65. 자연적 해석이란 표의자 내심의 효과의사를 밝히는 것을 목표로 한다.
66. 표의자와 그 상대방이 생각한 의미가 서로 다른 경우, 합리적인 상대방의 시각에서 표의자가 표시한 내용을 어떻게 이해하였는지 고려하여 객관적·규범적으로 해석하여야 한다(규범적 해석).
67. 당사자의 진정한 의사를 알 수 없는 의사표시의 경우, 내심의 효과의사가 아닌 표시행위로부터 추단되는 효과의사에 기초하여 해석하는 것이 원칙이다(규범적 해석).
68. 보충적 해석은 계약에서 당사자가 약정하지 않은 사항에 관하여 분쟁이 생기는 경우에 법원에서 제3자의 입장에서 합리적으로 해석하는 방법이다.
69. 사실인 관습은 법률행위해석의 표준이 될 수 있다.
70. 일반적으로 계약의 당사자가 누구인지는 그 계약에 관여한 당사자의 의사해석의 문제에 해당한다.
71. 乙이 甲 소유의 X부동산을 매수하기로 甲과 합의하였으나 계약서에는 Y부동산으로 잘못 기재하였다. 이 경우, X부동산에 대하여 매매계약이 성립하고 당사자는 착오를 이유로 취소할 수 없다(자연적 해석).
72. 법률행위의 내용이 처분문서로 작성된 경우 문언의 객관적인 의미가 명확하다면 특별한 사정이 없는 한 문언대로 의사표시의 존재와 내용을 인정하여야 한다.
73. 매매계약서에 "계약사항에 대한 이의가 생겼을 때에는 매도인의 해석에 따른다."는 조항은 법원의 법률행위 해석권을 구속하는 조항이라고 볼 수 없다.
74. 분양 약정에서 당사자들이 분양가격의 결정기준으로 합의하였던 기준들에 따른 분양가격의 결정이 불가능하게 된 경우, 새로운 분양가격에 관한 합의가 없으면 매수인은 위 분양 약정에 기하여 바로 소유권이전등기절차의 이행을 청구할 수 없다.
75. 당사자가 합의로 지명한 감정인의 감정의견에 따라 보상금을 지급하기로 약정했는데 당사자의 약정 취지에 반하는 감정이 이루어졌다면 법원은 반드시 감정결과에 따라 판결하여야 하는 것은 아니다.
76. 어떠한 의무를 부담하는 내용의 기재가 있는 서면에 "최대 노력하겠습니다."라고 기입한 경우 특별한 사정이 없으면 이는 그러한 의무를 법적으로 부담할 수는 없지만 사정이 허락하는 한 이행을 하겠다는 취지로 해석함이 상당하다.
77. 임대인이 임대차계약서의 단서조항에 권리 금액의 기재 없이 단지 "모든 권리금을 인정함"이라고 기재를 한 경우, 임차인이 나중에 임차권을 승계한 자로부터 권리금을 수수하는 것을 임대인이 용인한 것으로 볼 수 있다.
78. 동일한 사항에 관하여 내용을 달리하는 문서가 중복하여 작성된 경우, 특별한 사정이 없는 한 마지막에 작성된 문서에 작성자의 최종적인 의사가 담겨있다고 해석하는 것이 일반적이라 할 수 있다.
79. 甲이 乙의 제공 자금으로 부동산경매절차에서 자기 명의로 낙찰받은 경우 부동산의 매수인은 甲이다.

Ⅳ. 의사표시

1. 의사표시 일반

의의	• 의사표시란 일정한 법률효과 발생을 목적으로 하는 효과의사를 외부로 표시하는 행위이다. • 의사표시는 법률행위의 필수불가결의 구성요소로서 표의자가 원하는 대로 일정한 법률효과를 발생시키는 법률사실이다.	
구성 요소	효과 의사	효과의사란 법률효과의 발생을 의욕하는 의사를 말한다. • 내심의 효과의사: 표의자가 가지고 있는 내심의 진정한 의사 • 표시상의 효과의사: 표시행위로부터 추측되는 의사
	표시 행위	• 표시행위란 효과의사를 외부에 표현하는 행위를 말한다. • 명시적으로 하든 묵시적으로 하든 효과를 인정한다.

2. 흠 있는 의사표시의 요건 및 효과

구분	의사표시 일치 여부	기타요건	효과
제107조	≠	불일치 알고 + 통정 ×	유효 / 무효
제108조	≠	불일치 알고 + 통정 ○	무효
제109조	≠	불일치 모르고	취소
제110조	=	하자	취소

3. 진의 아닌 의사표시(제107조)

조문	제107조【진의 아닌 의사표시】① 의사표시는 표의자가 진의 아님을 알고 한 것이라도 그 효력이 있다. 그러나 상대방이 표의자의 진의 아님을 알았거나 이를 알 수 있었을 경우에는 무효로 한다. ② 전항의 의사표시의 무효는 선의의 제3자에게 대항하지 못한다.	
의의	진의 아닌 의사표시란 표의자가 스스로 한 표시행위가 자신의 진의와 다르다는 것을 알면서 한 의사표시를 말한다(거짓의 표의자를 보호하지 아니하는 한편 그 불일치 사실에 대한 상대방을 보호하기 위함).	
요건	의사표시의 존재	명백한 농담, 배우의 대사, 강의를 위한 어음의 교부 등은 비진의 의사표시 문제가 생길 여지가 없다.
	의사와 표시의 불일치	'진의'란 특정한 내용의 의사표시를 하고자 하는 표의자의 생각을 말하는 것이지, 표의자가 진정으로 마음속에서 바라는 사항을 뜻하는 것은 아니다.
	표의자의 불일치 인식	불일치를 모르는 경우 착오(제109조) 문제가 된다.
	이유·동기 불문	
효과	원칙	비진의 의사표시는 표시한 대로 그 효과가 발생한다.
	예외(당사자 간)	(상대방 있는 의사표시에서) 상대방이 표의자의 진의 아님을 알았거나 알 수 있었을 경우에는 무효이다.

예외(제3자)	비진의 의사표시가 예외적으로 무효가 되는 경우에도, 그 무효는 선의의 제3자에게 대항하지 못한다. • 제3자: 비진의표시를 기초로 새로운 이해관계를 맺은 자 • 선의: 당사자 간의 행위가 비진의표시임을 제3자가 모르는 것(무과실 불요) • 대항하지 못한다: 당사자 간의 법률효과인 비진의표시의 무효를 제3자에게 주장할 수 없는 것
적용 범위	• 상대방 있는 법률행위(계약, 상대방 있는 단독행위), 준법률행위에 적용된다. • 공법상 행위: 사인 간의 공법행위(예 공무원의 사직)에는 적용할 수 없다. • 가족법상 행위: 당사자의 진의를 절대적으로 필요로 하는 가족법상의 행위에는 원칙적으로 제107조의 적용이 없다. • 강행법규 위반행위: 강행법규에 위반한 계약은 절대적 무효이므로 그 경우 상대방이 선의·무과실이더라도 제107조 법리가 적용될 여지가 없다.
적용 예시	• 대리인 또는 대표자가 본인 등의 의사에 반하여 자기나 제3자의 이익을 위한 배임적 대리행위(대리권, 대표권 남용)의 경우 제107조 제1항 단서가 유추적용된다. • 비록 재산을 강제로 뺏긴다는 것이 표의자의 본심으로 잠재되어 있었다 하여도 강박에 의해서나마 증여를 했다면 비진의 의사표시가 아니다. • 진정으로 마음속에서 바라지는 아니하였다고 하더라도 당시의 상황에서는 그것이 최선이라고 판단하여 그 의사표시를 하였을 경우 비진의 의사표시가 아니다. • 대출계약에서 명의를 빌려준 자(명의대여자)는 채무부담의 의사가 없는 것이라고는 할 수 없으므로 비진의 표시가 아님이 원칙이다. • 근로자가 사용자의 지시에 의해 일괄하여 사직서를 작성·제출하였다면, 의원면직 처리될지 모른다는 점을 인식하였다고 하더라도 이것만으로 그의 내심에 사직의 의사가 있는 것이라고 할 수 없다. • 근로자가 회사지침에 따라 사직원을 제출하고 회사가 이를 받아들여 퇴직 처리를 하였다가 즉시 재입사하는 형식을 취한 경우, 퇴직의 효과는 발생하지 않는다. • 근로자가 희망퇴직의 권고를 받고 제반 사항 등을 종합적으로 고려하여 심사숙고한 결과 사직서를 제출한 경우라면 그 사직서 제출은 비진의 의사표시에 해당하지 않는다. • 공무원의 일괄사표 제출 후 선별수리를 한 경우, 사인의 공법행위에는 제107조가 적용되지 않으므로 그 사표수리에 의한 퇴직효과는 발생한다.

핵심빈출 정지문

1. 비진의 의사표시란 의사표시가 존재하는데 의사와 표시가 불일치하며 표의자가 통정에 의하지 않고 그 불일치를 아는 경우를 말한다. 이때 표의자가 의사표시를 하는 이유나 동기는 묻지 않는다.
2. 민법 제107조의 '진의'란 특정한 내용의 의사표시를 하고자 하는 표의자의 생각을 말하는 것이지 진정으로 마음속에서 바라는 사항을 뜻하는 것은 아니다.
3. 비진의 의사표시는 원칙적으로 표시된 대로 법적 효과가 발생되고, 상대방이 진의 아님을 알거나 알 수 있었을 경우에 그 의사표시를 무효로 한다.
4. 표의자가 의사표시 당시의 상황에서는 그것이 최선이라고 판단하여 그 의사표시를 하였을 경우에는 이를 내심의 효과의사가 결여된 진의 아닌 의사표시라고 할 수 없다(재산을 강제로 뺏긴다는 인식을 했더라도).
5. 표의자가 강박에 의하여 증여를 하기로 하고 그에 따른 증여의 의사표시를 한 경우 재산을 강제로 뺏긴다는 본심이 잠재되어 있다 하더라도 이러한 증여는 비진의의사표시에 해당하지 않는다.
6. 법률상의 장애로 자기 명의로 대출받을 수 없는 자를 위하여 대출금채무자로서 명의를 빌려준 자에게 채무부담의 의사가 없는 것이라고는 할 수 없으므로 그 의사표시를 비진의표시에 해당한다고 볼 수 없다.

7. 회사가 근로자에게 재입사를 전제로 사직원의 제출을 요구한 경우, 그에 따른 근로자의 사직원 제출은 진의 아닌 의사표시로서 원칙적으로 그에 따른 퇴직의 효과는 발생하지 않는다.
8. 근로자가 희망퇴직의 권고를 받고 제반 사항 등을 종합적으로 고려하여 심사숙고한 결과 사직서를 제출한 경우라면 그 사직서 제출은 비진의 표시에 해당하지 않는다.
9. 근로자가 사직원을 제출하고 퇴사 후 즉시 재입사하여 근로자가 그 퇴직 전후에 걸쳐 실질적인 근로관계의 단절이 없이 계속 근무하였다면 그 사직원 제출은 비진의 의사표시에 해당한다.
10. 공무원이 진정으로 사직의 의사가 없음에도 사직서를 제출하여 의원면직 처분된 경우에는 그대로 사직의 효력이 발생한다(공법행위에는 제107조 적용이 없다).
11. 진의 아닌 의사표시가 예외적으로 무효인 경우 표의자가 상대방의 악의 또는 과실을 입증해야 한다.
12. 대리권 또는 대표권 남용의 경우에도 제107조 제1항 단서를 유추적용할 수 있다.

4. 통정허위표시 (제108조)

조문	제108조【통정한 허위의 의사표시】① 상대방과 통정한 허위의 의사표시는 무효로 한다. ② 전항의 의사표시의 무효는 선의의 제3자에게 대항하지 못한다.	
의의	• 허위표시란, 상대방과 통정하여 하는 진의 아닌 의사표시를 말한다. • 허위표시에 의한 법률행위를 가장행위라 한다.	
요건	의사표시의 존재	유효한 의사표시가 있는 것과 같은 외관이 있어야 한다.
	의사와 표시의 불일치 및 인식	
	상대방과 통정이 있을 것	• 통정: 가장행위에 관한 합의(불일치의 인식만으로는 부족) • 증명책임: 통정이 있었다는 사실에 대해 원칙적으로 무효를 주장하는 자가 증명(보통은 간접사실로 추정)
효과	당사자 간	상대적 무효: 당사자 사이에서는 언제나 무효 • 이행의무: 이행하지 않았다면 이행의무 없음 • 불법원인급여와의 관계: 이행한 경우 허위표시가 반사회질서 법률행위가 아니므로 불법원인급여에 해당하지 않음 • 채권자취소권과의 관계: 채무자의 법률행위가 통정허위표시인 경우에도 채권자취소권의 대상 • 손해배상과의 관계: 당사자 간에는 언제나 무효이므로 불법행위(제750조), 채무불이행(제390조) 문제가 발생하지 않음
	제3자와의 관계	① 제3자: 허위표시의 당사자 및 포괄승계인 이외의 자로서 허위표시에 의해 외형상 형성된 법률관계를 토대로 실질적으로 새로운 법률상 이해관계를 맺은 자 ② 허위표시의 무효는 선의의 제3자에게 대항하지 못한다. ③ 선의 • 앞선 행위가 허위표시임을 알지 못하는 것 • 무과실까지 요하지는 않는다. • 제3자의 선의는 추정되므로 무효주장하는 자가 제3자의 악의를 입증해야 한다. • 대항하지 못한다: 당사자 간의 법률효과인 비진의표시의 무효를 제3자에게 주장할 수 없는 것

제3자 보호	보호 O	• 가장양수인으로부터 목적물을 (양수한 자 / 저당권자 / 가압류권리자 / 가등기권자) • 가장채권의 양수인 / 가장채무의 보증인 • 파산관재인(모든 채권자가 악의가 아니면 선의로 취급)
	보호 X	• 가장양수인의 상속인 • 계약당사자지위를 양수한 자 • 가장매매에서 매도인의 채권자 • 가장채권의 채무자(변제 전) • 제3자를 위한 계약에서의 수익자(일반채권자)
은닉 행위		예 甲은 乙에게 부동산을 증여(은닉행위)하려는데, 세금을 줄이기 위해 매매계약(가장행위)을 이유로 乙에게 소유권이전등기를 마쳤다(후에 乙은 丙에게 그 부동산을 양도하였다).
	당사자 간	• 가장행위인 매매계약은 제108조 위반으로 언제나 무효 • 은닉행위인 증여계약은 당사자 의사의 합치가 있었으므로 유효하고, 이전등기는 실체관계에 부합하는 등기로 유효 • 결국 乙은 적법하게 소유권 취득
	제3자와의 관계	丙은 선·악의 불문하고 소유권을 취득한다.

핵심빈출 정지문

1. 통정허위표시 당사자 사이에서의 효과는 언제나 무효이다(허위표시를 한 자도 무효를 주장할 수 있다).
2. 가장행위는 무효이므로 통정허위표시에 따른 법률효과를 침해하는 것처럼 보이는 위법행위가 있다 하더라도 그에 따른 손해배상청구를 할 수 없다.
3. 통정허위표시가 성립하기 위해서는 진의와 표시가 불일치에 관하여 상대방과 합의가 있어야 한다.
4. 통정허위표시는 표의자가 의식적으로 진의와 다른 표시를 한다는 것을 상대방이 알았다는 것만으로 성립하지 않고, 법률행위를 가장행위로 한다는 점에 관한 합의(통정)가 있어야 한다.
5. 표의자의 진의와 표시가 불일치함을 상대방이 명확하게 인식하였다 하더라도 그 불일치에 대하여 양자 간에 합의가 없었다면 민법 제108조 통정의 허위표시가 성립하지 아니한다.
6. 자기 부동산을 처에게 증여하면서도 증여세를 면탈하기 위해 매매의 형식을 빌리는 경우, 매매는 가장행위로서 무효이고 증여는 은닉행위에 해당한다. 이러한 은닉행위는 당사자가 증여의 의사표시로써 매매의 표시를 한 것이므로 당사자 간에는 증여로서의 효력이 발생한다.
7. 채권을 담보할 목적으로 매매의 형식을 취하여 채권자에게 소유권이전등기를 해주는 행위는 허위표시라고 할 수 없다.
8. 채무자와 채권자 간에 제3자를 형식상의 채무자로 내세우고 채권자도 이를 양해한 경우에는 제3자 명의로 되어 있는 대출약정은 통정허위표시에 해당하는 무효의 법률행위이다.
9. 채무자의 법률행위가 통정허위표시인 경우에도 채권자취소권의 대상인 사해행위가 될 수 있다.
10. 통정허위표시의 무효를 대항할 수 없는 제3자란 허위표시의 당사자 및 포괄승계인 이외의 자로서 허위표시에 의하여 외형상 형성된 법률관계를 토대로 새로운 법률원인으로써 실질적으로 새로운 법률상 이해관계를 갖게 된 자를 말한다.
11. 허위표시의 무효로 대항할 수 없는 제3자는 선의이면 충분하고 과실이 없을 것까지 요구하지는 않는다.
12. 통정허위표시와 관련하여 제3자의 선의·악의 여부에 관한 주장·입증책임은 제3자의 악의를 주장하는 자가 부담한다(= 허위표시의 제3자는 선의로 추정된다).
13. 甲이 통정허위표시로 乙에게 전세권설정등기를 마친 후 丙이 이러한 사정을 알면서도 전세권근저당설정등기를 마쳤다면, 위 사실을 모르는 丁이 丙의 전세권근저당부 채권을 압류하면 甲은 丁에게 대항할 수 없다.
14. 가장매매에서 매수인으로부터 목적부동산을 다시 매수한 자는 허위표시로부터 보호받는 제3자에 해당된다.
15. 가장매매의 매수인으로부터 매매계약에 의한 소유권이전청구권보전을 위한 가등기를 마친 자는 제108조 제2항의 제3자에 해당한다.

16. 가장 소비대차의 계약상 지위를 이전받은 자는 통정허위표시에 관한 민법 제108조 제2항의 제3자에 해당하지 않는다.
17. 가장 소비대차의 대주가 파산선고를 받은 경우 선의의 파산관재인은 허위표시의 무효로 대항할 수 없는 제3자에 해당한다.
18. 수인의 파산관재인이 있는 경우 개인의 선·악의를 기준으로 할 것이 아니라 총파산채권자를 기준으로 하여 파산채권자 모두가 악의로 되지 않는 한 파산관재인은 선의의 제3자에 해당한다.
19. 채권의 가장양도에서 원래의 채무자는 원칙적으로 통정허위표시에서 보호받는 제3자에 해당하지 않는다.
20. 채권의 가장양도에서 채무자가 채권양수인에게 그 채무를 이행했다면, 허위표시의 무효로 대항할 수 없는 제3자에 해당할 수 있다.
21. 통정허위표시에 의하여 생긴 채권을 가압류한 경우, 가압류권자는 선의더라도 통정허위표시와 관련하여 보호받는 제3자에 해당한다.
22. 가장저당권이 설정된 후 그 저당권의 실행에 의하여 부동산을 매각받은 자는 통정허위표시의 무효로 대항할 수 없는 선의의 제3자로 될 수 있다.
23. 저당권 등 제한물권이 가장포기된 경우의 기존의 후순위 제한물권자는 새로운 이해관계를 맺은 자로 볼 수 없으므로 허위표시의 무효로 대항할 수 없는 제3자가 아니다.
24. 자신의 채권을 보전하기 위해 가장양도인의 가장양수인에 대한 권리를 대위행사하는 채권자는 허위표시를 기초로 새로운 법률상의 이해관계를 맺은 제3자에 해당한다.
25. 가장행위 당사자 일방의 상속인은 제3자가 아니다.

5. 착오로 인한 의사표시(제109조)

조문	제109조 【착오로 인한 의사표시】 ① 의사표시는 법률행위의 내용의 중요부분에 착오가 있는 때에는 취소할 수 있다. 그러나 그 착오가 표의자의 중대한 과실로 인한 때에는 취소하지 못한다. ② 전항의 의사표시의 취소는 선의의 제3자에게 대항하지 못한다.
의의	• 착오란, 의사표시의 내용과 표의자의 내심의 효과의사가 일치하지 않고, 그 사실을 표의자가 알지 못하는 것을 말한다. • 외형상 의사와 표시에 불일치가 있더라도 자연적 해석의 결과 일치하는 것으로 된 때에는 착오는 성립하지 않는다(오표시 무해의 원칙). • 임의규정이므로 당사자 합의로 제109조의 적용을 배제할 수 있다(취소권 배제특약 가능).
유형	표시상의 착오	내심의 효과의사를 기준으로 잘못된 표시를 하는 경우(예 11-1번지 토지를 구매하고자 하였는데 계약서에 1-11번지로 잘못 표기한 경우)
	내용의 착오	표의자가 표시행위 자체에는 착오가 없었으나 표시행위 자체의 의미를 잘못 이해하는 경우
	동기의 착오	• 의의: 의사표시를 하게 된 동기에 착오가 있는 경우 • 원칙(표시설): 동기의 착오를 이유로 법률행위를 취소하려면 그 동기를 당해 의사표시의 내용으로 삼을 것을 상대방에게 표시해야 한다(합의까지는 불요). • 상대방으로부터 유발된 착오: 표시 여부를 묻지 않고 취소할 수 있다(예 귀속재산이 아닌데도 공무원이 귀속재산이라고 하여 토지소유자가 토지를 국가에 증여한 사례). • 당사자 쌍방의 공통하는 동기의 착오: 당사자의 가정적 의사를 탐구하여 법률행위를 확정하는 해석방법(보충적 해석)에 의해 계약의 내용에 대해서 수정을 시도하고, 그것이 좌절된 때에는 제109조에 의해 계약을 취소할 수 있는지 검토해야 한다.

		취소권자	상대방
		• 의사와 표시의 불일치 • 불일치한다는 사실을 알지 못함 • 법률행위 중요부분의 착오 • 법률행위 내용의 착오	• 표의자의 중대한 과실 • 취소권 배제특약의 존재

취소권 발생 요건	내용의 착오인 경우	• 부동산 현황의 착오 • 서명날인의 착오: 제3자의 기망행위에 의하여 신원보증서류에 서명날인한다는 착각에 빠진 상태로 연대보증의 서면에 서명날인한 경우(착오취소 ○ / 기망취소 ×) • 법률의 착오: 매매계약에서 양도소득세를 매수인이 부담하기로 하고, 그 세액을 매수인이 계산하기로 하고 지급했는데 후에 양도소득세가 더 부과된 경우 중요부분의 착오로 취소할 수 있다.	
	내용의 착오 아닌 경우	표시되거나 알려진 동기의 착오: 법령상의 제한으로 토지를 의도한 목적대로 사용할 수 없는 경우 동기의 착오	
	중요부분의 착오인 경우	중요부분 • 주관적 중요성: 표의자가 그러한 착오가 없었다면 그 의사표시를 하지 않았을 정도 • 객관적 중요성: 일반인이 표의자의 입장에 있었더라도 그러한 의사표시를 하지 않았을 정도 • 경제적 불이익: 표의자가 어떠한 경제적 불이익을 입은 것이 아니라면, 이를 법률행위 내용의 중요부분의 착오라 할 수 없다(예 착오 후 법률의 개정으로 불이익이 소멸된 경우). • 표시된 법률의 착오(동기의 착오)라도 그것이 법률행위의 내용의 중요부분에 관한 것인 때에는 표의자는 그 의사표시를 취소할 수 있다(양도소득세 사건).	
	중요부분의 예	중요부분 긍정	중요부분 부정
		• 저당권설정에서 채무자의 동일성 • 신용보증기금 신용보증에서 주채무자 신용상태 • 매매목적물의 동일성 • 토지의 현황·경계	• 주채무자의 신용상태 • 매매 또는 임대차에서 목적물의 소유자 • 수량지정매매에서 수량 부족 • 목적물의 시가 • 환율
	표의자의 중과실인 경우	• 표의자의 직업, 행위의 종류, 목적 등에 비추어 당해 행위에 일반적으로 요구되는 주의를 현저하게 결여한 것 • 상대방이 표의자의 착오를 알면서 이를 이용한 경우, 표의자에게 중대한 과실이 있더라도 표의자는 그 의사표시를 취소할 수 있다.	
	중과실의 예	중과실 긍정	중과실 부정
		매매계약 시 공장건축 목적인 자가 관할 관청에 허가 가능성을 문의하지 않은 경우	• 고려청자 매매에서 감정을 받지 않은 경우 • 토지매매에서 측량을 하지 않고 지적도와의 일치도 확인하지 않은 경우
효과	취소권 발생	취소 전에는 그 법률행위는 유효하지만, 취소 후에는 소급하여 무효	
	제3자와의 관계	착오에 의한 의사표시의 취소는 선의의 제3자에게 대항하지 못한다.	

적용범위	적용 긍정	모든 재산상의 법률행위(계약, 단독행위)
	적용 부정	• 가족법상의 법률행위(당사자의 진의가 존중되어야 하므로) • 공법상·소송법상 행위(예 소의 취하 등)
관련문제		• 착오와 사기: 타인의 기망행위로 착오를 일으킨 경우, 착오취소와 사기취소가 경합한다(선택 가능). • 신원보증서류 케이스: 제3자의 기망행위에 의하여 신원보증서류에 서명날인한다는 착각에 빠진 상태로 연대보증의 서면에 서명날인한 경우, 거기에는 의사와 표시의 불일치가 있을 수 없고, 단지 의사의 형성과정(즉, 동기의 착오)의 착오가 있는 것에 불과하므로 오직 착오취소만 가능하다. • 착오와 담보책임: 서로 취지가 다르고 요건과 효과도 구별되므로 중요부분의 착오가 있는 경우 하자담보책임 성립 여부와 무관하게 착오취소할 수 있다. • 착오와 해제: 매도인이 매매계약을 적법하게 해제한 후라도 매수인으로서는 해제 후 손해배상을 피하기 위해 착오를 이유로 한 취소권을 행사하여 매매계약 전체를 무효화할 수 있다. • 착오와 불법행위: 경과실이 있는 자가 착오로 취소하였다 하더라도 위법성이 없으므로 상대방은 불법행위에 의한 손해배상을 구할 수 없다.

핵심빈출 정지문

1. 착오는 의사와 표시의 불일치를 표의자가 모른다는 점에서 비진의표시와 통정허위표시와 구별된다.
2. 법률행위의 내용의 중요부분에 착오가 있고 표의자에게 중대한 과실이 없는 때에 표의자는 그 의사표시를 취소할 수 있다.
3. 착오의 존재 여부는 의사표시 당시를 기준으로 한다.
4. 취소권은 형성권이므로 상대방의 동의가 필요하지 않고 단독의 의사표시에 의해 행사한다.
5. 장래에 발생할 막연한 사정을 예측하거나 기대하고 법률행위를 한 경우 그러한 예측이나 기대와 다른 사정이 발생하였다고 하더라도 착오를 이유로 취소를 구할 수 없다.
6. 1심 판결에서 패소한 자가 항소심 판결 선고 전에 패소를 예상하고 법률행위를 하였으나 이후 항소심에서 승소판결이 선고된 경우 착오를 이유로 그 법률행위를 취소할 수 없다.
7. 동기의 착오가 법률행위의 내용의 중요부분의 착오에 해당함을 이유로 표의자가 법률행위를 취소하려면 그 동기를 당해 의사표시의 내용으로 삼을 것을 상대방에게 표시하고 법률행위의 내용으로 되어 있다고 의사표시 해석상 인정되면 충분하다(표시설, 합의까지는 불필요).
8. 상대방이 어떤 사정을 잘못 인식한 채 동기를 제공하였고 그러한 동기의 제공으로 인해 의사표시를 하게 된 경우에는 그 법률행위를 취소할 수 있다.
9. 귀속재산이 아닌데도 공무원이 귀속재산이라고 하여 토지소유자가 토지를 국가에 증여한 경우, 이는 상대방에 의해 유발된 동기의 착오로서 착오에 의한 취소가 인정된다.
10. 상대방의 기망으로 표시상의 착오에 빠진 자의 행위에 대하여 착오취소의 법리가 적용된다.
11. 신원보증서류에 서명날인한다는 착각에 빠진 상태로 연대보증서면에 서명날인한 것은 동기의 착오가 아니다(내용의 착오이므로 취소할 수 있다. / 제3자의 기망이 있었다 하더라도 사기취소 안 된다).
12. 주채무자의 차용금반환채무를 보증할 의사로 공정증서에 서명·날인하였으나 그 공정증서가 주채무자의 기존의 구상금채무에 관한 준소비대차계약의 공정증서이었던 경우에 착오를 이유로 그 의사표시를 취소할 수 없다.
13. 착오를 이유로 의사표시를 취소하는 자는 법률행위의 내용에 착오가 있었다는 사실과 함께 그 착오가 중요부분에 관한 착오라는 것을 함께 증명하여야 한다.
14. 당사자 사이에 취소권 배제특약이 있었다는 사실과 표의자에게 중과실이 있었다는 사실은 취소권 행사를 저지하고자 하는 자가 주장하고 입증하여야 한다.
15. 착오로 인하여 표의자가 어떠한 경제적 불이익을 입지 않은 경우에는 법률행위 내용의 중요부분의 착오라고 볼 수 없다.
16. 법률행위의 중요부분의 착오라 함은 표의자에게도, 보통의 일반인에게도 중요한 것(그러한 착오가 없었다면 의사표시를 하지 않았으리라 생각될 정도)이어야 한다.

17. 토지매매계약에 있어 토지의 현황·경계에 관한 착오는 원칙적으로 법률행위의 중요부분에 관한 착오로 볼 수 있다.
18. 농지인 줄 알고 매수하였으나 실제로는 상당부분이 하천인 경우 법률행위 중요부분의 착오에 해당한다.
19. 부동산 매매에서 시가에 관한 착오는 원칙적으로 동기의 착오에 불과하다.
20. 토지를 현 상태로 매수하였으나 그 토지의 지분이 근소하게 부족한 경우에 착오를 이유로 그 의사표시를 취소할 수 없다(상당부분이면 취소 가능).
21. 법률의 적용에 관해 경과실로 착오를 한 경우, 표의자는 그것이 법률행위의 중요부분에 관한 것이라면 그 착오를 이유로 취소할 수 있다.
22. 착오에 의한 의사표시에서 취소할 수 없는 표의자의 '중대한 과실'이라 함은 표의자의 직업, 행위의 종류, 목적 등에 비추어 보통 요구되는 주의를 현저히 결여하는 것을 의미한다.
23. 착오가 표의자의 중대한 과실로 인한 것이라도 상대방이 표의자의 착오를 알고 이를 이용한 경우에 표의자는 의사표시를 취소할 수 있다.
24. 공장을 경영하는 자가 공장이 협소하여 새로운 공장을 설립할 목적으로 토지를 매수하면서 토지상에 공장을 건축할 수 있는지 여부를 관할관청에 알아보지 않았다면 이는 중대한 과실에 해당한다.
25. 근저당권설정계약에서 채무자의 동일성에 관한 착오는 법률행위 내용의 중요부분에 관한 착오에 해당한다.
26. 당사자의 합의로 민법 제109조 제1항의 적용을 배제할 수 있다(상대방 입증책임).
27. 표의자가 경과실로 착오에 빠졌다 하더라도 착오 또는 그에 기한 취소가 위법한 것은 아니므로, 이 경우 취소의 상대방에게 불법행위로 인한 손해배상청구권이 인정되는 것은 아니다(위법성 없다).
28. 기망행위로 인하여 법률행위의 내용으로 표시되지 아니한 의사결정의 동기에 관하여 착오를 일으킨 경우, 표의자는 그 법률행위를 사기에 의한 의사표시로서 취소할 수 있다.
29. 매도인이 매매계약을 적법하게 해제하였어도 매수인은 착오를 이유로 매매계약을 취소할 수 있다(해제 후 손해배상 책임을 벗어나기 위해).
30. 상대방 없는 단독행위인 재단법인의 설립행위에도 설립자가 착오를 이유로 출연의 의사표시를 취소할 수 있다.
31. 매도인의 하자담보책임이 성립하는 경우에도 매매계약 내용의 중요부분에 착오가 있는 경우에도 매수인이 착오를 이유로 매매계약을 취소할 수 있다.
32. 소취하합의(화해계약)의 의사표시는 법률행위의 내용의 중요부분에 착오가 있더라도 민법 제109조에 따라 취소할 수는 없다.
33. 민법상의 화해계약을 체결한 경우 당사자는 착오를 이유로 취소하지 못하고 다만 화해 당사자의 자격 또는 화해의 목적인 분쟁 이외의 사항에 착오가 있는 때에 한하여 이를 취소할 수 있다.
34. 대리인에 의한 계약체결의 경우, 특별한 사정이 없는 한 착오의 유무는 대리인을 표준으로 판단하여야 한다.
35. 매매계약 내용의 중요부분에 착오가 있는 경우 매수인은 매도인의 하자담보책임이 성립하는지와 상관없이 착오를 이유로 그 계약을 취소할 수 있다.

6. 사기·강박에 의한 의사표시

조문	제110조【사기, 강박에 의한 의사표시】① 사기나 강박에 의한 의사표시는 취소할 수 있다. ② 상대방 있는 의사표시에 관하여 제3자가 사기나 강박을 행한 경우에는 상대방이 그 사실을 알았거나 알 수 있었을 경우에 한하여 그 의사표시를 취소할 수 있다. ③ 전2항의 의사표시의 취소는 선의의 제3자에게 대항하지 못한다.
의의	• 사기·강박에 의한 의사표시란, 기망이나 강박이라는 위법한 간섭으로 인해 행하여진 의사표시를 말한다. • 타인의 기망 혹은 강박행위로 말미암아 착오 또는 외포심에 빠지게 된 결과 어떠한 의사표시를 하게 되는 경우를 말한다(따라서 의사와 표시 사이에 불일치가 발생할 수 없다).
요건 / 사기를 이유로 하는 취소권의 발생 요건	• 사기자의 2단의 고의: 표의자를 기망에 빠지게 하려는 고의와, 그 착오에 기하여 표의자로 하여금 의사표시를 하게 하려는 고의가 있어야 한다(2단의 고의).

		• 기망행위: 표의자로 하여금 사실과 다른 그릇된 관념을 가지게 하거나 이를 강화 또는 유지하려는 모든 인과성 있는 행위 • 위법성: 기망행위가 거래상 요구되는 신의성실의 원칙에 반하는 것 • 인과관계: 기망행위와 착오, 착오와 의사표시 간의 인과관계 • 의사표시의 존재
		광고의 취급 • 선전·광고에 다소의 과장·허위가 수반되는 것은 그것이 일반 상거래의 관행과 신의칙에 비추어 시인될 수 있는 한 기망성이 결여된다. • 백화점의 변칙세일광고(판매가격을 실제보다 높이 책정한 후 이 가격을 기준으로 할인가격을 정하는 것)는 물품구매동기에 있어서 중요한 요소인 가격조건에 관하여 기망이 이루어진 것으로서 그 상술의 정도가 사회적으로 용인될 수 있는 상술의 정도를 넘은 것이어서 위법성이 있다.
	강박을 이유로 하는 취소권의 발생 요건	• 강박자의 2단의 고의: 표의자에게 외포심을 일으키려는 고의와, 그 공포심에 기해 의사표시를 하게 하려는 고의가 있어야 한다. • 강박행위: 구체적인 해악의 고지를 통해 표의자에게 공포심을 일으키게 하는 일체의 행위 • 강박의 정도: 강박의 정도가 극심하여 표의자의 의사결정의 자유가 박탈될 정도인 경우에는 무효이거나 의사 자체가 없는 것이 된다. • 위법성 / 인과관계 / 의사표시의 존재
		위법한 강박의 예 • 해악의 고지로써 추구하는 이익이 정당하지 않을 때: 부정행위에 대한 고소·고발은 부정한 목적이 없는 한 위법하지 않다. • 해악의 내용이 법질서에 위배되는 경우: 죽여버리겠다는 위협 • 해악의 고지가 거래관념상 그 해악의 고지로써 추구하는 이익의 달성을 위한 수단으로 부적당한 경우: 대여금 채권자가 채무자에게 변제하지 않으면 과거에 우연히 목격한 채무자의 뺑소니 사실을 신고하겠다고 위협하는 경우
효과	상대방이 사기·강박을 한 경우	표의자는 사기·강박에 의한 의사표시를 취소할 수 있다.

	제3자가 사기·강박을 한 경우	① 상대방 있는 의사표시: 제3자의 사기·강박으로 인해 한 때에는 상대방이 그 사실을 알거나 알 수 있었을 경우에 한하여 표의자가 그 의사표시를 취소할 수 있다.
		② 상대방 없는 의사표시: 언제든지 그 의사표시를 취소할 수 있다.
		③ 제3자에 해당하는지 여부
		  • 상대방의 대리인 등 상대방과 동일시할 수 있는 자의 사기·강박은 제3자의 사기·강박에 해당하지 않는다.
		  • 단순한 피용자는 제3자에 해당한다.

	취소의 효과	• 소급 무효: 의사표시가 취소되면, 그 의사표시를 요소로 하는 법률행위는 소급적으로 무효가 된다. • 제3자에 대한 효력: 사기·강박에 의한 의사표시는 선의의 제3자에게 대항하지 못한다.
적용범위	= 제109조	

	① 사기와 착오: 전술
관련문제	② 사기와 담보책임: 기망에 의하여 하자 있는 물건에 관한 계약이 성립한 경우 매수인은 선택적으로 행사할 수 있다. ③ 사기와 불법행위책임 • 사기·강박이 불법행위의 요건(제750조)을 갖춘 때에는 의사표시의 취소와 함께 불법행위에 기한 손해배상청구권을 행사할 수 있다(경합). • 불법행위책임을 묻기 위해서 계약을 취소할 필요는 없다. • 취소로 인한 부당이득반환청구권과 불법행위로 인한 손해배상청구권은 서로 경합하여 병존하는 것이므로 어느 하나를 선택하여 행사할 수 있으나 중첩적으로 행사할 수는 없다.

핵심빈출 정지문

1. 상대방이 기망하였으나 표의자가 기망되지 않고 의사표시를 하였다면 기망을 이유로 그 의사표시를 취소할 수 없다.
2. 상대방이 있는 의사표시에 관하여 제3자가 사기나 강박을 행한 경우에는 상대방이 그 사실을 알았거나 알 수 있었을 경우에 한하여 그 의사표시를 취소할 수 있다.
3. 사기에 의한 의사표시의 취소는 선의의 제3자에게 대항하지 못한다.
4. 상대방의 대리인이 사기를 행하여 계약을 체결한 경우 그 대리인은 '제3자에 의한 사기'에서의 '제3자'에 해당되지 않는다(대리인, 상속인 = 제3자 × / 피용자 = 제3자 ○).
5. 사기·강박에 의한 의사표시로 취소권을 행사하기 위해서는 2단의 고의와 위법성이 인정되어야 한다.
6. 강박에 의한 의사표시는 불법으로 어떤 해악을 고지함으로 말미암아 표의자가 공포를 느끼고 의사표시를 한 것이어야 한다.
7. 상품의 광고에 있어 다소의 과장·허위가 수반되는 것은 그것이 일반 상거래의 관행과 신의칙에 비추어 시인될 수 있는 기망행위에 해당하지 않는다.
8. 거래관념에 비추어 신의성실의 원칙상 고지의무가 있음에도 고지하지 않은 경우에는 단순한 침묵이나 부작위도 기망행위가 될 수 있다.
9. 신의칙상 고지의무를 부담하는 자는 그 고지대상이 되는 사실을 이미 알고 있는 자에게는 그 사실을 고지할 필요가 없다.
10. 교환계약의 당사자가 목적물의 시가를 묵비한 경우, 특별한 사정이 없는 한 기망행위가 아니다.
11. 법률행위가 사기에 의한 것으로서 취소되는 경우에 그 법률행위가 동시에 불법행위를 구성하는 때에는 취소의 효과로 생기는 부당이득반환청구권과 불법행위로 인한 손해배상청구권은 경합하여 병존하는 것이므로, 채권자는 어느 것이라도 선택하여 행사할 수 있지만, 중첩적으로 행사할 수는 없다.
12. '제3자에 의한 사기'로 계약을 체결한 피기망자는 그 계약을 취소하지 않은 상태에서 그 제3자에 대하여 불법행위로 인한 손해배상청구를 할 수 있다.
13. 사기에 의한 의사표시에는 의사와 표시의 불일치가 있을 수 없고, 단지 의사표시의 동기에 착오가 있는 것에 불과하다.
14. 상대방의 기망에 의해 동기의 착오에 빠져 법률행위를 한 경우, 요건을 만족한다면 착오취소 또는 사기취소를 모두 행사할 수 있다.
15. 매매목적물에 하자가 있음에도 이를 속이고 매도한 경우, 사기를 이유로 한 의사표시의 취소와 하자담보책임은 경합할 수 있다.
16. 강박으로 인해 표의자가 스스로 의사결정을 할 수 있는 여지를 완전히 박탈당한 상태에서 의사표시가 이루어진 경우 그 법률행위는 무효이다.
17. 부정행위에 대한 고소가 부정한 이익의 취득을 목적으로 함이 분명한 경우, 그 고소는 위법한 강박행위가 될 수 있다(고소·고발 = 원칙적으로 위법성이 없어 강박 아니다).
18. 소송행위가 강박에 의하여 이루어진 것임을 이유로 취소할 수는 없다.
19. 사기의 의사표시로 인해 부동산의 소유권을 취득한 자로부터 새로이 부동산을 취득한 자는 특별한 사정이 없는 한 선의로 추정된다.

7. 의사표시의 효력발생 (제111조)

조문	제110조【의사표시의 효력발생시기】① 상대방이 있는 의사표시는 상대방에게 도달한 때에 그 효력이 생긴다. ② 의사표시자가 그 통지를 발송한 후 사망하거나 제한능력자가 되어도 의사표시의 효력에 영향을 미치지 아니한다.	
상대방 없는 의사표시	표시행위가 완료된 때에 효력이 발생(표백주의)	
상대방 있는 의사표시	원칙 (도달주의)	• 상대방 있는 의사표시의 경우 도달주의를 취하고 있다. • 도달: 사회통념상 일반적으로 상대방이 알 수 있는 상대, 즉 상대방의 지배권 내에 통지가 들어간 것(현실적 수령 불문) **도달 긍정** • 상대방이 정당한 사유 없이 통지의 수령을 거절한 경우 • 우편이 수신함에 투입되어 있거나 동거하는 가족 등에게 교부된 때 • 등기우편으로 발송되었고, 반송되지 않았다면 특별한 사정이 없는 한 그 무렵에 송달된 것으로 본다(보통우편 ×). **도달 부정** • 몰래 수령자의 주머니에 문서를 넣은 경우 • 쉽게 발견될 수 없는 상태로 문서를 삽입한 경우 • 우편물을 채무자의 가정부가 수령한 직후에 동거하고 있던 발신인이 그 우편물을 바로 회수해간 경우
	예외 (발신주의)	① 최고의 확답: 확답을 발하지 아니하면 법률효과가 발생 또는 발생하지 않는다. 　• 제한능력자의 상대방의 최고에 대한 제한능력자의 확답 　• 무권대리인의 상대방 최고에 대한 본인의 확답 　• 채무인수에서 채무자 최고에 대한 채권자의 확답 ② 사원총회의 소집통지: 1주간 전에 그 통지를 발송하여야 한다. ③ 격지자 간 계약의 승낙 통지: 격지자 간의 계약에서 청약에 대한 승낙의 통지는 발송한 때에 성립
	도달의 입증	도달에 대한 증명책임은 그 도달을 주장하는 자에게 있다. • 내용증명 우편의 경우 도달이 추정된다. • 보통우편의 경우 도달이 추정되지 않는다. • 우편물이 수취인 가구의 우편함에 투입되었다는 사실만으로 수취인이 그 우편물을 실제로 수취하였다고 추단할 수는 없다. • 일간신문에 공고를 내었다는 사실만으로 특별한 사정이 없다면 그 의사표시가 상대방에게 도달되었다고 볼 수 없다.
	효과	• 도달 후의 효과: 의사표시가 상대방에게 도달하면 그 의사표시를 철회할 수 없다. • 불착·연착의 불이익: 표의자는 의사표시의 부도달 또는 연착으로 인한 불이익을 부담한다. • 발신 후 생긴 사유로 인한 효과: 당사자가 청약에 대한 승낙의 의사표시를 발신한 후 사망하거나 제한능력자가 되었더라도 그 의사표시의 효력에 영향을 미치지 아니한다.

의사표시의 수령능력	조문	제112조【제한능력자에 대한 의사표시의 효력】의사표시의 상대방이 의사표시를 받은 때에 제한능력자인 경우에는 의사표시자는 그 의사표시로써 대항할 수 없다. 다만, 그 상대방의 법정대리인이 의사표시가 도달한 사실을 안 후에는 그러하지 아니하다.
	의의	• 제한능력자에 대한 의사표시는 도달의 효력을 주장할 수 없다. • 상대방의 법정대리인이 한 후에는 도달의 효력이 있다.
의사표시의 공시송달	조문	제113조【의사표시의 공시송달】표의자가 과실 없이 상대방을 알지 못하거나 상대방의 소재를 알지 못하는 경우에는 의사표시는 민사소송법 공시송달의 규정에 의하여 송달할 수 있다.

핵심빈출 정지문

1. 상대방 있는 의사표시는 원칙적으로 그 통지가 상대방에게 도달한 때로부터 그 효력이 생긴다.
2. 상대방이 정당한 사유 없이 통지의 수령을 거절할 경우에도 상대방이 그 통지의 내용을 알 수 있는 객관적 상태에 놓여 있는 때에는 의사표시의 효력이 생긴다(= 도달).
3. 의사표시의 도달로 인정되려면 사회통념상 상대방이 그 통지를 현실적으로 수령하여 그 내용을 알아야(요지) 할 필요까지는 없다.
4. 상대방 있는 의사표시에서 그 의사표시가 상대방에게 도달하면 그 후에는 이행의 착수 전이라 하더라도 표의자가 일방적으로 철회할 수 없다.
5. 내용증명우편이나 등기우편과는 달리 보통우편의 경우, 그 우편물이 상당기간 내에 도달하였다고 추정할 수 없고 송달의 효력을 주장하는 측에서 증거에 의하여 도달사실을 증명하여야 한다.
6. 의사표시가 기재된 내용증명 우편물이 발송되고 반송되지 않았다면, 특별한 사정이 없는 한 그 무렵에 송달되었다고 볼 수 있다.
7. 특별한 사정이 없는 한 아파트 경비원이 집배원으로부터 우편물을 수령한 후 이를 아파트 공동출입구의 우편함에 넣어 두었다는 사실만으로는 그 우편물이 도달하였다고 볼 수는 없다.
8. 채권양도의 통지와 같은 준법률행위의 도달은 의사표시와 마찬가지로 사회관념상 채무자가 통지의 내용을 알 수 있는 객관적 상태에 놓여졌을 때를 말한다.
9. 표의자는 의사표시의 부도달 또는 연착으로 인한 불이익을 부담한다.
10. 표의자가 통지를 발한 후 사망하거나 제한능력자가 된 사실은 의사표시의 효력에 영향을 미치지 아니한다.
11. 의사표시의 상대방이 의사표시를 받은 때에 제한능력자인 경우에는 의사표시자는 그 의사표시로써 대항할 수 없다(제한능력자 = 수령무능력자). 다만, 그 상대방의 법정대리인이 의사표시가 도달한 사실을 안 후에는 그러하지 아니하다.
12. 표의자가 과실 없이 상대방을 알지 못하거나 상대방의 소재를 알지 못하는 경우에는 의사표시는 민사소송법 공시송달의 규정에 의하여 송달할 수 있다.
13. 무권대리인, 제한능력자, 채무인수에 있어 최고에 대한 상대방(또는 본인)의 확답은 발신주의를 취한다.
14. 격지자 간의 계약의 승낙, 사원총회소집의 통지는 발신주의에 의한다.

Ⅴ. 법률행위의 대리

1. 서설

대리제도	법률행위가 성립한 경우에 그 효과는 의사표시를 한 표의자에게 발생하는 것이 보통이나 표의자가 아닌 다른 자에게 법률효과를 귀속시키도록 하는 제도가 대리제도이다.
일반적 요건	대리인이 한 행위의 효과가 직접 본인에게 귀속되기 위하여는 ① 대리인에게 본인을 대리할 수 있는 권한(대리권)이 있어야 하고, ② 대리인의 법률행위가 그 권한 내에서 상대방과 이루어져야 하며, ③ 대리인의 의사표시가 본인을 위한 것임을 표시하여야 한다.
대리의 인정범위	• 법률행위: 원칙적으로 의사표시를 요소로 하는 법률행위에 인정된다. • 준법률행위: 준법률행위 중 의사의 통지(최고), 관념의 통지(채권양도통지)에 관하여는 의사표시에 관한 규정이 유추적용되므로 대리도 가능하다. • 불법행위 또는 사실행위: 대리가 인정될 여지가 없다.
대리의 3면관계	• 대리권(본인과 대리인 간의 관계): 대리인에게 본인을 대리하여 법률행위를 할 수 있는 권한이 있어야 한다. • 대리행위(대리인과 상대방 간의 관계): 대리인의 의사표시가 본인을 위한 것임을 표시하여야 하고, 대리인은 행위능력이 있을 필요가 없으며, 대리행위의 하자는 대리인을 기준으로 판단한다. • 대리의 효과(본인과 상대방 간의 관계): 적법한 대리행위는 직접 본인에게 대하여 효력이 있다.

2. 대리권

의의		• 대리권: 타인(대리인)이 본인의 이름으로 의사표시를 하거나(능동대리) 제3자의 의사표시를 수령함(수동대리)으로써 직접 본인에게 법률효과를 귀속시킬 수 있는 타인의 본인에 대한 법률상의 지위 또는 자격을 말한다(권한). • 입증책임: 대리권이 있다는 점에 대한 입증책임은 그 대리행위의 효과를 주장하는 자에게 있다.	
발생	법정대리권	법률의 규정에 의해 발생한다(친권자, 후견인, 일상가사대리권 등).	
	임의대리권	• 당사자의 의사에 의한 대리권 • 수권행위: 본인이 대리인에게 대리권을 수여하는 수권행위에 의하여 발생(상대방 있는 단독행위)하고, 불요식행위로 명시적·묵시적으로 가능하다. • 원인된 법률관계와 구별: 본인과 대리인 사이의 원인된 법률관계를 발생시키는 행위(예 위임, 고용)와 구별된다. • 수권행위의 독자성과 유인성: 수권행위 자체의 하자가 있으면 처음부터 무권대리가 되고, 원인된 법률관계가 종료하여도 임의대리권은 그때부터 소멸한다.	
범위	법정대리권	법률의 각 규정에 의한다.	
	임의대리권	원칙: 수권행위의 해석에 의한다.	
		대리권 범위에 속하는 경우	대리권 범위에 속하지 않는 경우
		• 필요한 한도에서 상대방의 의사표시를 수령하는 권한을 포함한다. • 매매계약체결의 대리권을 수여받은 대리인은 중도금과 잔금을 수령할 권한을 가진다.	• 특별한 사정이 없는 한 매수명의자를 대리하여 매매계약을 체결하였다 하여 곧바로 해제 등 일체의 처분권과 상대방의 의사를 수령할 권한까지 가지고 있다고 볼 수 없다.

		• 매매계약의 포괄적 대리권을 수여받은 경우, 상대방에 대해 약정된 매매대금지급기일을 연기하여 줄 권한도 가진다.	• 부동산 매수대리권 ➡ 처분권한 × • 대여금 영수권한 ➡ 채무면제 × • 예금계약 대리권 ➡ 담보대출 ×
		수권행위로 대리권의 범위를 정하지 않은 경우 아래의 행위만을 할 수 있다. • 보존행위 • 대리의 목적인 물건이나 권리의 성질을 변하지 아니하는 범위에서 그 이용 또는 개량하는 행위	

구분	보존행위	관리(이용 · 개량)행위	처분행위
의미	재산의 현상유지	용법대로 수익창출, 사용가치 증가	재산권 변동, 가치의 직접 이전
예	• 물건의 수선 • 부패하기 쉬운 물건 처분 • 채권의 추심 • 기한도래 채무의 변제 • 미등기 부동산의 등기 신청 • 물권적청구권 행사 • 소멸시효의 중단	• 부동산 임대 • 무이자부를 이자부 소비대차로 변경 • 지목 변경 • 예금을 주식으로 변경	• 부동산 매각 • 채무의 면제 • 계약의 해제 · 취소 • 전세권, 저당권의 설정 • 재판상 화해

(TIP) 채무부담행위: 채무보증, 소비대차, 도급 등

제한	각자대리	• 대리인이 수인인 경우 각자가 본인을 대리한다. • 법률 또는 수권행위에 다른 정한 바가 있는 때에는 공동으로 대리하여야 하고 이를 위반한 경우 무권대리가 된다.
	자기계약 쌍방대리	• 대리인은 본인의 허락이 없으면 본인을 위하여 자기와 법률행위를 하거나 동일한 법률행위에 관하여 당사자 쌍방을 대리하지 못한다. • 그러니 채무의 이행은 할 수 있다. 허용되는 경우: • 본인이 허락한 경우 • 이미 확정되어 있는 채무의 이행에 불과한 경우 • 새로운 이해관계를 생기게 하는 채무이행 불허(예 대물변제, 경개)
	쌍방대리 예	• 부동산 입찰절차에서 동일 물건에 관하여 이해관계가 다른 2인 이상의 대리인이 된 경우에는 그 대리인이 한 입찰은 무효 • 사채알선업자에 대한 채무변제는 채권자 대리인에 대한 변제로서 유효 • 등기의무자와 등기권리자의 쌍방대리인인 법무사의 등기신청행위는 유효
남용	의의	대리인이 외형적으로는 대리권의 범위 내에서 대리행위를 하였지만 그것이 본인의 이익을 위해서가 아니라 대리인 자신 또는 제3자의 이익을 위하여 한 경우
	효과	• 대리인의 진의가 본인의 이익이나 의사에 반하여 자기 또는 제3자의 이익을 위한 배임적인 것임을 그 상대방이 알았거나 알 수 있었을 경우 본인의 책임이 없다(제107조 제1항 단서 유추적용설). • 친권의 남용 등 법정대리에서도 적용된다.

소멸	일반적 소멸사유	대리권은 다음의 경우 소멸한다. • 본인의 사망 • 대리인의 사망, 성년후견의 개시 또는 사망
	임의대리권 소멸사유	• 원인된 법률관계의 종료 • 수권행위의 철회

3. 대리행위

<table>
<tr><td rowspan="6">현명주의</td><td colspan="2">조문</td><td>제114조【대리행위의 효력】① 대리인이 그 권한 내에서 본인을 위한 것임을 표시한 의사표시는 직접 본인에게 대하여 효력이 생긴다.
② 전항의 규정은 대리인에게 대한 제3자의 의사표시에 준용한다.</td></tr>
<tr><td colspan="2">의의</td><td>대리인이 대리행위 시, 그 법률행위가 본인을 위한 것임을 표시하는 것</td></tr>
<tr><td rowspan="2">방식</td><td>원칙</td><td>특별한 방식이 필요하지 않다(서면, 구두, 명시, 묵시 가능).</td></tr>
<tr><td>예시</td><td>• 甲 대리 乙
• ? 대리 乙: 매매위임장을 제시하고 매매계약을 체결하면서 매매계약서에 대리인의 이름만을 기재하더라도, 그것은 소유자를 대리하여 매매계약을 체결한 것으로 보아야 한다.
• 甲: 반드시 대리인임을 표시하여 행위하여야 하는 것은 아니고 본인명의로도 할 수 있다.</td></tr>
<tr><td colspan="2">현명하지 않은 경우</td><td>• 원칙: 자기를 위한 것으로 본다.
• 예외: 상대방이 대리행위임을 알거나 알 수 있었을 때에는 유효한 대리가 성립한다.</td></tr>
<tr><td colspan="3"></td></tr>
<tr><td rowspan="3">하자</td><td colspan="2">조문</td><td>제116조【대리행위의 하자】① 의사표시의 효력이 의사의 흠결, 사기, 강박 또는 어느 사정을 알았거나 과실로 알지 못한 것으로 인하여 영향을 받을 경우에 그 사실의 유무는 대리인을 표준하여 결정한다.
② 특정한 법률행위를 위임한 경우에 대리인이 본인의 지시에 좇아 그 행위를 한 때에는 본인은 자기가 안 사정 또는 과실로 인하여 알지 못한 사정에 관하여 대리인의 부지를 주장하지 못한다.</td></tr>
<tr><td colspan="2">원칙</td><td>대리행위의 하자는 본인이 아닌 대리인을 표준으로 하여 결정한다(효과는 본인에게).
• 상대방 또는 제3자로부터 사기, 강박을 당한 경우(취소권은 본인)
• 대리인이 착오를 일으킨 경우(취소권은 본인)
• 대리인이 제2매수인으로서 배임행위에 가담한 경우(본인이 몰랐어도 무효)</td></tr>
<tr><td colspan="2">예외</td><td>• 대리인이 본인의 지시에 좇아 그 행위를 한 때에 본인은 부지를 주장하지 못한다.
• 불공정한 법률행위에서 경솔과 무경험은 대리인을 기준으로, 궁박 여부는 본인 여부를 기준으로 판단한다.</td></tr>
<tr><td>대리인 능력</td><td colspan="2">조문</td><td>제117조【대리인의 행위능력】대리인은 행위능력자임을 요하지 않는다.</td></tr>
</table>

4. 대리의 효과

본인에게	① 대리인이 한 의사표시가 대리권 범위 내에서 본인을 위한 것임을 표시하여 이루어졌다면 그 효력은 직접 본인에게 생긴다. ② 당사자가 원한 바의 효과뿐만 아니라 • 손해배상청구권이나 취소권 등도 본인에게 귀속 • 해제로 인한 원상회복청구권도 계약당사자가 부담
대리인에게	대리인은 대리행위에 따른 권리를 취득하거나 의무를 부담하지 않는다.

핵심빈출 정지문

1. 재산상의 법률행위에는 일반적으로 대리가 허용되나, 가족법상의 법률행위에는 대리가 허용되지 않음이 원칙이다.
2. 사무관리, 무주물선점은 사실행위로서 원칙적으로 대리가 허용되지 않는다.
3. 준법률행위인 의사의 통지(각종 최고, 거절)와 관념의 통지(각종 통지, 승낙, 승인 등)에는 민법상 대리의 규정이 유추적용된다.
4. 불법행위에는 대리가 인정되지 않는다.
5. 법률행위 중에서도 혼인·인지·입양·유언 등과 같은 가족법상의 법률행위에는 성질상 대리가 허용되지 않는다.
6. 대리행위를 한 자에게 대리권이 있다는 점에 대한 증명책임은 대리행위의 효과를 주장하는 자에게 있다.
7. 임의대리권의 범위는 원칙적으로 수권행위에 의하여 정해진다.
8. 수권행위는 상대방 있는 단독행위로 묵시적 의사표시로 할 수 있다.
9. 부동산을 매수할 대리권을 수여받은 대리인이 그 부동산을 처분하였다면, 특별수권이 없는 한 그 처분행위는 무권대리행위가 된다.
10. 예금계약의 체결을 위임받은 자의 대리권에는 예금을 담보로 하여 대출을 받거나 이를 처분할 수 있는 대리권이 포함되어 있지 않다.
11. 본인을 위하여 금전소비대차와 그 담보를 위한 담보권설정계약을 체결할 권한을 수여받은 대리인은 특별한 사정이 없으면, 금전소비대차계약과 담보권설정계약이 체결된 후에 이를 해제할 수 없다.
12. 대여금의 영수권한만을 위임받은 대리인은 그 대여금 채무의 일부를 면제하기 위하여는 특별수권이 필요하다.
13. 일반적으로 임의대리권은 그 권한에 부수하여 필요한 한도에서 상대방의 의사표시를 수령하는 수령대리권을 포함한다(매도의 임의대리인은 중도금, 잔금수령권한이 있다).
14. 매매계약 체결에 관한 포괄적 대리권을 수여받은 경우, 상대방에 대해 약정된 매매대금지급기일을 연기하여 줄 권한도 가진다.
15. 계약을 체결할 권한을 수여받은 대리인에게 체결된 계약을 해제할 수 있는 권한이나 상대방의 해제의 의사표시를 수령할 권한까지 있다고 볼 수 없다(마찬가지로 면제할 권한이 없다).
16. 권한을 정하지 않은 임의대리인은 보존행위와 대리인의 목적인 물건이나 권리의 성질을 변하지 아니하는 범위에서 그 이용 또는 개량행위만을 할 수 있다(소멸시효 중단, 말소등기 가능).
17. 권한의 범위가 정해지지 않은 임의대리인은 부패하기 쉬운 농산물을 처분할 수 있다.
18. 권한의 정함이 없는 임의대리인도 기한이 도래한 채무를 변제할 수 있다.
19. 복수의 대리인이 있는 경우에 법률의 규정이나 수권행위에서 특별히 정하고 있지 않은 한 각자 본인을 대리하는 것이 원칙이다.
20. 자기계약이나 쌍방대리를 금지하는 규정은 임의규정이다.
21. 대리인은 본인의 허락이 있으면 본인을 위하여 자기와 법률행위를 하거나 동일한 법률행위에 관하여 당사자 쌍방을 대리할 수 있다.
22. 대리인의 쌍방대리는 금지되나 채무의 이행은 가능하다.
23. 채무의 이행이라도 새로운 이해관계를 생기게 하는 대물변제(제466조), 경개(제500조)는 허용되지 않으며, 다툼이 있는 채무의 이행, 기한 미도래의 채무의 변제, 선택채무의 이행 등에 관하여는 자기계약 쌍방대리가 허용되지 않는다.

24. 금전출납권이 있는 대리인이 본인에 대하여 채권을 가지고 있는 경우에 본인의 통장에서 예금을 인출하여 변제에 충당하는 경우에는 자기계약 또는 쌍방대리가 허용된다.
25. 법정대리인인 친권자가 친구로부터 부동산을 매수하여 이를 그 子에게 증여하는 행위는 자기계약이지만 유효하다.
26. 부동산 입찰절차에서 동일물건에 관하여 이해관계가 다른 2인 이상의 대리인이 된 경우에는 그 대리인이 한 입찰은 무효이다.
27. 甲으로부터 X토지에 관하여 매매의 대리권을 수여받은 乙이 오직 자기의 이익을 도모하기 위하여 매매계약을 체결하였고, 丙이 乙의 의도를 알거나 알 수 있었던 경우에 매매계약의 효과가 甲에게 귀속하지 않는다(대리권 남용에는 제107조 제1항 단서가 유추적용된다).
28. 본인의 사망, 대리인의 사망, 대리인의 성년후견의 개시, 대리인의 파산 등의 사실이 있으면 대리권은 소멸한다.
29. 본인에 대한 한정후견개시 심판 선고가 있다 하더라도 대리권이 소멸하는 것은 아니다.
30. 임의대리에서 본인은 원인된 법률관계가 종료하기 전이라면 언제든지 수권행위를 철회할 수 있다.
31. 대리인이 그 권한 내에서 본인을 위한 것임을 표시한 의사표시는 직접 본인에 대하여 효력이 생긴다.
32. 대리인이 자신을 본인이라고 하면서 부동산 매매계약을 체결한 경우, 그것이 대리권의 범위 내일 때에는 그 계약의 효력이 본인에게 미칠 수 있다.
33. 매매위임장을 제시하고 매매계약을 체결하면서 계약서에 대리인의 성명만 기재하는 경우, 특단의 사정이 없는 한 이는 대리행위로서 유효하다.
34. 특정한 법률행위를 위임한 경우에 대리인이 본인의 지시에 좇아 그 행위를 한 때에는 본인은 자기가 안 사정에 관하여 대리인의 부지(不知)를 주장하지 못한다.
35. 대리에 있어 본인을 위한 것임을 표시하는 이른바 현명은 묵시적으로는 할 수 있다.
36. 대리인이 본인을 위한 것임을 표시하지 아니한 때에는 그 의사표시는 본인에 대하여 효력이 생기지 않고 원칙적으로 자기를 위한 것으로 본다.
37. 대리인이 본인을 위한 것임을 표시하지 않았더라도 상대방이 대리인으로서 한 것임을 알 수 있었을 경우에는 직접 본인에 대하여 효력이 생긴다.
38. 의사표시의 효력이 의사의 흠결로 인하여 영향을 받을 경우(예 착오, 사기, 강박)에 그 사실의 유무는 대리인을 표준으로 하여 결정하여야 한다.
39. 대리행위에서 진의 아닌 의사표시인지 여부 및 상대방이 진의 아님을 알았거나 알 수 있었는지 여부는 대리인을 기준으로 한다(대리행위의 하자는 대리인을 기준으로 판단한다).
40. 하나의 물건에 대해 본인과 대리인이 각각 계약을 체결한 경우, 양 계약은 모두 유효하다(이중매매의 법리가 적용된다).
41. 부동산의 이중매매의 경우, 제2매수인의 대리인이 매매대상 토지에 관한 거래의 사정을 잘 알면서 매도인의 배임행위에 적극 가담하였다면, 대리행위의 하자 유무는 대리인을 표준으로 판단하여야 한다.
42. 상대방이 대리인을 기망하여 매매계약을 체결하였다면, 본인은 사기를 이유로 매매계약을 취소할 수 있으나 대리인은 취소에 관한 특별수권이 없다면 사기를 이유로 법률행위를 취소할 수 없다.
43. 특정한 법률행위를 위임한 경우에 대리인이 본인의 지시에 좇아 그 행위를 한 때에는 본인은 자기가 안 사정 또는 과실로 알지 못한 사정에 관하여 대리인의 부지(不知)를 주장하지 못한다.
44. 대리인은 행위능력자임을 요하지 않는다(제한능력자도 임의대리인이 될 수 있다).
45. 본인은 대리인이 제한능력자라는 이유로 계약을 취소할 수 없다.

5. 복대리

의의	• 대리인이 자신의 이름으로 선임한 본인의 대리인 • 대리인의 대리인이 아니다.

성질	① 자신의 이름으로 선임하므로 복대리인 선임행위는 대리행위가 아니다.
	② 복대리인은 언제나 임의대리인이다.
	③ 복대리권은 대리권의 존재와 범위에 의존한다.
	  • 복대리권은 대리권을 초과할 수 없다.
	  • 대리권이 소멸하면 복대리권도 소멸한다.
	④ 복대리인은 언제나 제3자에 대하여 대리인과 동일한 권리의무가 있다.

복임권범위 및 책임	법정	복임권	무제한
		책임	• 원칙적으로 모든 책임을 진다(무과실책임). • 부득이한 사유로 선임한 경우 선임 및 감독에 관한 책임만 진다.
	임의	복임권	• 원칙적으로 복임권 없다. • 본인승낙 또는 부득이한 사유가 있는 경우 선임할 수 있다.
		책임	• 원칙적으로 복대리인의 선임·감독상의 책임을 진다(과실책임). • 본인의 지명에 의해 복대리인을 선임한 경우 복대리인의 부적임 또는 불성실함을 알고 본인에게 통지나 해임을 해태한 때에만 책임을 진다.

소멸	• 본인의 사망 • 대리인의 사망, 성년후견개시, 파산(+ 원인된 법률관계 종료, 수권행위 철회) • 복대리인의 사망, 성년후견개시, 파산(+ 원인된 법률관계 종료, 선임행위 철회)

핵심빈출 정지문

1. 복대리인은 대리인이 선임한 본인의 대리인이다.
2. 복대리인은 선임자의 지위와 관계없이 언제나 임의대리인이다.
3. 복대리인이 선임된 뒤에도 대리인은 여전히 대리권을 갖는다. 즉, 대리인과 복대리인은 서로 병존한다(각자대리).
4. 복대리인 선임은 대리인이 (본인의 이름으로 ×) 대리인 자신의 이름으로 하는 것이므로 대리행위가 아니다.
5. 법정대리인은 언제나 복임권이 있다. / 임의대리인은 원칙적으로 복임권이 없다.
6. 복대리인은 언제나 임의대리인이므로 본인의 승낙 혹은 부득이한 때 복대리인을 선임할 수 있다.
7. 甲으로부터 토지매수를 부탁받은 임의대리인 乙이 甲의 허락을 얻어 丙을 복대리인으로 선임하였다. 임의대리인 乙은 본인 甲에 대하여 복대리인 丙의 선임·감독에 대한 책임을 진다.
8. 임의대리인이 본인의 지명에 의하여 복대리인을 선임한 경우에는 그 부적임 또는 불성실함을 알고 본인에 대한 통지나 해임을 게을리한 때가 아니면 책임이 없다.
9. 대리의 목적인 법률행위의 성질상 대리인 자신에 의한 처리가 필요하지 아니한 때에는 본인이 복대리 금지의 의사를 명시하지 아니하는 한 복대리인의 선임에 관하여 묵시적 승낙이 있는 것으로 본다.
10. 채권자를 특정하지 아니한 채 부동산을 담보로 제공하여 금원을 차용해 줄 것을 위임한 자의 의사에는 복대리인 선임에 관한 승낙이 포함되어 있다고 봄이 타당하다.
11. 오피스텔, 아파트 분양업무는 그 성질상 분양 위임을 받은 수임인의 능력에 따라 그 분양사업의 성공 여부가 결정되는 사무로서 본인의 명시적인 승낙 없이는 복대리인의 선임이 허용되지 아니하는 것으로 보아야 한다.
12. 복대리인은 본인이나 제3자에 대하여 대리인과 동일한 권리의무가 있다.
13. 대리인의 대리권의 범위가 명확하지 않은 경우, 복대리인은 보존행위를 할 수 있다.

14. 복대리인의 권한은 대리인의 권한을 초과할 수 없다.
15. 대리인의 대리권이 소멸하면 복대리인의 대리권도 소멸한다.
16. 의사표시의 효력이 의사의 흠결, 사기, 강박 등으로 인하여 영향을 받을 경우에 그 사실의 유무는 대리인을 표준으로 결정해야 하는 바, 복대리에서는 복대리인을 기준으로 그 하자 여부를 판단해야 한다.
17. 복대리인의 대리행위에 대하여도 표현대리에 관한 규정이 적용될 수 있다.

6. 단독행위의 무권대리

상대방 없는 단독행위	• 항상 확정적으로 무효이다. • 따라서 본인의 추인에 의해 유효하게 될 여지가 없고 무권대리인 책임도 물을 수 없다.
상대방 있는 단독행위	• 원칙적으로 무효이다. • 상대방이 대리인이라 칭하는 자의 대리권 없는 행위에 동의하거나 그 대리권을 다투지 않은 때에는 계약의 무권대리 규정이 준용된다. • 따라서 본인의 추인, 상대방 보호규정 등의 적용이 있다.

7. 계약의 무권대리

	유동적 무효		본인이 추인하기 전까지 법률행위는 무효이다.
본인에 대한 효과	추인권	의의	• 그 행위의 효과를 자기에게 직접 발생케 하는 것을 목적으로 하는 단독행위 • 무권대리행위가 있음을 알고, 그 행위의 효과를 자기에게 귀속시키려는 단독행위
		법적성질	추인권은 형성권이고, 사후의 대리권 수여는 아니다.
		추인의 상대방	• 무권대리행위의 상대방 및 승계인 • 무권대리인에게 추인한 경우, 상대방이 그 사실을 알기까지 본인은 상대방에 대하여 추인의 효력을 주장 불가(= 상대방 철회 가능)
		추인의 방법	• 그 행위로 처하게 되는 법적 지위를 충분히 이해하고 그럼에도 진의에 기하여 그 행위의 결과가 자기에게 귀속된다는 것을 승인한 것으로 볼 만한 사정이 있는 경우에는 묵시적으로 추인한 것으로 볼 수 있다. • 즉시 이의를 제기하지 않고 장시간에 걸쳐 방치하였다 하더라도 무권대리행위를 묵시적으로 추인하였다고 볼 수 없다. • 장기간 형사고소를 하지 아니하였다 하더라도 그 사실만으로 묵시적 추인이 있었다고 할 수 없다. • 변론기일에 불출석하여 의제자백한 것으로 간주되었다 하여도 그로써 그 당사자가 소외인의 무권대리매매를 추인한 것이라고 볼 수 없다.
		추인의 효과	• 원칙: 무권대리행위는 소급하여 확정적으로 유효 • 예외: 소급효 배제특약 가능 / 제3자의 권리 해하지 못함

상대방에 대한 효과	추인 거절권	의의	• 본인은 추인을 거절할 수 있으며 이 역시 상대방 있는 단독행위이다. • 추인을 거절하게 되면 무권대리행위는 확정적 무효가 되고 본인도 다시 추인할 수 없다.
		상속에서의 관계	• 무권대리인이 본인을 상속한 경우 상대방이 선의·무과실이면 무권대리인은 본인의 지위에서 추인을 거절할 수 없다(신의칙 위반). • 상대방이 악의라면 추인거절할 수 있다.
	최고권	의의	• 상대방은 선악을 불문하고 본인에 대하여 무권대리행위를 추인할 것인지 여부를 독촉할 수 있다. • 무권대리인에게는 최고를 할 수 없다.
		효과	(본인은 회답의무가 없으므로) 상당한 기간 내에 본인이 확답을 발하지 아니한 때에는 추인을 거절한 것으로 본다.
	철회권	의의	• 선의의 상대방만이 본인이 추인하기 전에 계약을 철회할 수 있다. • 철회의 의사표시는 본인이나 무권대리인에게 할 수 있다.
		효과	계약은 확정적으로 무효가 되어 본인은 추인할 수 없고, 상대방은 무권대리인에게 제135조의 책임을 추궁할 수 없다.
무권대리인 책임	의의		• 타인의 대리인으로서 계약을 한 자가 그 대리권을 증명하지 못하고 또 본인의 추인을 얻지 못한 때에는 선의·무과실인 상대방의 선택에 좇아 계약의 이행 또는 손해배상책임을 부담하여야 한다. • 무권대리인의 무과실 책임
	요건		• 대리인이 대리권을 증명하지 못하고 본인의 추인도 없을 것 • 상대방의 선의·무과실(무권대리인에게 대리권 없음을 알지 못하고 알지 못한 것에 과실이 없어야 할 것, 증명책임은 무권대리인에게 있다) • 표현대리가 성립하지 않은 경우여야 함 • 상대방이 철회권을 행사하기 전 • 무권대리인이 제한능력자가 아닐 것
	책임의 내용	선택채권	• 상대방은 계약이행 또는 손해배상을 선택하여 청구할 수 있다. • 선택권을 행사할 수 있을 때부터 소멸시효가 진행한다.
		계약의 이행	대리행위의 내용과 동일한 급부를 상대방에게 이행하여야 한다(그렇다고 상대방과 무권대리인 사이에 계약이 성립하는 것은 아니다).
		손해배상	손해배상은 이행에 갈음하여 인정되는 책임이다.

8. 표현대리

서설	의의	무권대리행위라 하더라도 대리권이 있는 것으로 믿을 만한 외관 형성에 본인도 일정한 책임이 있는 경우, 거래 안전과 상대방의 신뢰를 보호하기 위하여 그 효과를 본인에게 귀속시키는 규정을 마련하고 있는데(제125조, 제126조, 제129조) 이를 표현대리라 한다.
	법적 성질 및 효과	• 상대방을 보호하기 위한 제도이므로 표현대리의 주장은 직접 상대방만이 할 수 있으며, 본인이나 무권대리인 또는 전득자는 주장할 수 없다. • 강행법규에 위반한 법률행위는 무효이므로 계약상대방이 선의·무과실이라 하더라도 제107조 비진의 의사표시 법리 또는 표현대리 법리가 적용될 여지가 없다.

제125조			• 표현대리는 무권대리이므로 유권대리의 주장 속에 표현대리의 주장이 포함되었다고 볼 수 없다. • 표현대리는 무권대리이므로 본인은 최고, 추인, 추인거절할 수 있고 상대방은 철회할 수 있다. 다만, 제135조 책임을 추궁할 수는 없다. • 표현대리행위가 성립하는 경우에 과실상계의 법리를 유추적용하여 본인의 책임을 경감할 수 없다. • 표현대리가 성립하기 위하여는 반드시 현명이 있어야 하며, 자기자신의 행위로 평가받는 경우에는 무권리자처분행위가 문제될 수 있을지언정 표현대리는 문제되지 않는다.
	적용범위	임의대리 ○ · 법정대리 ○	• 임의대리와 법정대리에서 모두 인정된다. • 다만, 제125조 표현대리는 수권과 관련되므로 임의대리에만 적용되며 법정대리에는 그 적용이 없다.
		사실행위 ×	• 사실행위에는 그 적용이 없다. • 다만, 사자에 의한 법률행위의 경우 표현대리가 적용될 여지가 있다.
		표현대리끼리	• 표현대리 간의 중첩을 긍정한다. • 예컨대 대리권 소멸 후에 그 대리권 범위를 넘은 대리행위가 있는 경우 제126조 표현대리가 인정될 수 있다.
		복대리	• 복대리에도 모든 표현대리가 적용된다. • 복임권 없는 자의 복임행위도 기본대리권이 될 수 있다. • 대리권 소멸 후 선임한 복대리인의 행위에도 적용될 수 있다.
제125조	조문		제125조 【대리권수여의 의사표시에 의한 표현대리】 제3자에 대하여 타인에게 대리권을 수여함을 표시한 자는 그 대리권의 범위 내에서 행한 그 타인과 그 제3자 간의 법률행위에 대하여 책임이 있다. 그러나 제3자가 대리권 없음을 알았거나 알 수 있었을 때에는 그러하지 아니하다.

	요건		① 대리권 수여의 표시: 통지방법에는 제한이 없다(묵시적 가능).
			  • 사회통념상 대리권을 추단할 수 있는 직함이나 명칭(판매점, 총대리점 또는 연락사무소) 등의 사용을 승낙 또는 묵인한 경우도 대리권 수여의 표시가 있는 것으로 볼 수 있다.
			  • 어떤 사람이 대리인의 외양을 가지고 행위하는 것을 본인이 알면서도 이의를 하지 아니하고 방임하는 사실상의 용태에 의하여도 대리권의 수여가 추단되는 경우가 있다.
			  • 단순한 사실행위(오피스텔 분양에 대해 중개를 부탁하고 수수료 지급을 약속한 것)는 대리권 수여의 의사표시가 아니다.
			② 표시된 대리권 범위 내에서의 행위
			③ 표시의 통지를 받은 상대방과의 대리행위
			④ 상대방의 선의·무과실: 대리권 없음을 알지 못하고 또 알지 못하는 데 과실이 없어야 한다.

	증명책임		본인 등이 상대방의 악의 또는 과실을 입증해야 한다.

제126조	조문	제126조【권한을 넘은 표현대리】 대리인이 그 권한 외의 법률행위를 한 경우에 제3자가 그 권한이 있다고 믿을 만한 정당한 이유가 있는 때에는 본인은 그 행위에 대하여 책임이 있다.
	요건	① 기본대리권의 존재 　• 임의대리권 　• 법정대리권: 법률혼, 사실혼에서의 일상가사 대리권을 기본대리권으로 할 수 있다. 　• 복임권 없는 대리인에 의하여 선임된 복대리인 　• 공법상의 대리권: 등기신청권을 기본대리권으로 하여 처분행위를 한 경우 제126조가 적용된다. 　• 표현대리권: 제125조와 제129조의 표현대리가 성립하는 범위를 넘는 경우에 제126조의 표현대리가 성립한다. 　• 인장, 인감증명서: 단순한 교부는 기본대리권이 아니나, 특정거래와 관련하여 교부한 인장은 기본대리권의 수여로 볼 여지가 있다. ② 대리행위를 하였을 것 ③ 권한을 넘은 대리행위를 하였을 것: 대리권의 권한 내의 행위와 표현대리 행위는 반드시 같은 종류일 필요는 없다. ④ 정당한 사유가 있을 것: 정당한 이유의 판단시기는 대리행위 시이며, 그 이후의 사정은 고려하지 않는다.
	증명책임	표현대리를 주장하는 상대방이 모든 요건을 증명해야 한다.
제129조	조문	제129조【대리권소멸 후의 표현대리】 대리권의 소멸은 선의의 제3자에게 대항하지 못한다. 그러나 제3자가 과실로 인하여 그 사실을 알지 못한 때에는 그러하지 아니하다.
	요건	① 존재하였던 대리권의 소멸 　• 원칙적으로 처음부터 전혀 대리권이 존재하지 않았던 경우에는 적용이 없다. 　• 다만, 대리권 소멸 후 선임한 복대리인이 대리행위를 한 경우 표현대리가 적용된다. ② 소멸한 대리권 범위 내의 행위 ③ 상대방의 선의·무과실
	증명책임	본인 등이 상대방의 악의 또는 과실을 입증해야 한다.

핵심빈출 정지문

1. 무권대리인이 한 계약은 본인이 이를 추인하지 아니하면 본인에 대하여 효력이 없다.
2. 무권대리행위임을 모르고 한 본인의 추인은 효력이 없다.
3. 무권대리의 추인은 다른 의사표시가 없는 한 계약 시에 소급하여 그 효력이 생긴다.
4. 본인은 추인 또는 추인거절의 의사표시를 상대방 또는 무권대리인에게 할 수 있다. 무권대리인에게 추인한 경우, 상대방이 그 사실을 몰랐다면 상대방에게 추인했음을 대항할 수 없고, 상대방은 계약을 철회할 수 있다.
5. 무권대리행위의 추인은 명시적인 방법뿐만 아니라 묵시적인 방법(예 대금 일부 수령)으로도 할 수 있다.
6. 무권대리행위가 범죄가 되는 경우 그 사실을 알고도 장기간 형사고소를 하지 아니하였다는 사실만으로는 무권대리행위에 대한 묵시적 추인이 되는 것이 아니다.
7. 무권대리인이 금전을 차용한 사실을 안 본인이 채권자에게 이의를 제기하지 않고 변제기일에 이행을 청구하는 채권자에 대하여 그 지급의 유예를 요청하였다면, 이는 추인한 것으로 보아야 한다.
8. 추인은 무권대리행위로 인한 권리 또는 법률관계의 승계인에게도 할 수 있다.
9. 무권대리행위의 일부에 대한 추인 또는 변경을 가한 추인은 상대방의 동의 없이는 효력이 없다.
10. 본인이 무권대리행위를 추인하면 그 행위는 처음부터 유효하게 되는 것이 원칙이다.
11. 본인의 추인을 거절하면 본인은 다시 추인할 수 없으며 상대방도 최고권이나 철회권을 행사하지 못한다.
12. 甲은 대리권 없이 아버지 乙소유의 토지를 丙에게 매도하였는데 그 후 乙이 사망하여 甲이 단독으로 乙을 상속하였다면 甲은 매매계약의 추인을 거절할 수 없다(금반언).
13. 대리권 없는 자가 타인의 대리인으로 계약을 하여 상대방이 상당한 기간을 정하여 본인에게 그 추인 여부의 확답을 최고하였는데 본인이 그 기간 내에 확답을 발하지 않으면 추인거절한 것으로 본다.
14. 악의인 상대방도 본인에게 추인 여부를 최고할 수 있다.
15. 상대방이 무권대리인과의 계약을 체결할 때 무권대리사실을 알고 있는 경우에도 그 상대방은 본인에게 추인 여부의 확답을 최고할 수 있다.
16. 선의의 상대방은 본인의 추인이 있을 때까지 무권대리인과 체결한 계약을 철회할 수 있다.
17. 무권대리인과 계약을 체결한 상대방이 유효하게 그 계약을 철회하였다면 본인은 무권대리행위를 추인할 수 없다.
18. 타인의 대리인으로 계약한 자가 그 대리권을 증명하지 못하고 또 본인의 추인을 얻지 못한 때에는 민법 제135조 제1항에 따라 계약의 이행 또는 손해배상의 책임을 진다. 이때 그 선택은 상대방이 한다.
19. 상대방이 무권대리인의 대리권 없음을 알았거나 알 수 있었을 경우에는 무권대리인은 상대방에게 책임을 부담하지 않는다.
20. 민법 제135조 무권대리행위의 책임은 무과실책임이므로 무권대리행위가 제3자의 기망이나 문서위조 등 위법행위로 야기되었다 하더라도 무권대리인의 책임은 면책되지 않는다.
21. 무권대리인이 제한능력자인 경우, 상대방은 민법 제135조 제1항 책임을 물을 수 없다.
22. 상대방 없는 단독행위의 무권대리는 언제나 무효이다. 따라서 본인의 추인에 의하여 유효하게 될 수 없다.

핵심빈출 정지문

1. 표현대리가 성립된다고 하여 무권대리의 성질이 유권대리로 전환되는 것은 아니다.
2. 유권대리에 관한 주장 가운데 무권대리에 속하는 표현대리의 주장이 포함되어 있다고 볼 수 없다.
3. 표현대리도 무권대리이므로, 본인은 추인할 수 있고, 상대방은 본인에게 추인 여부의 확답을 최고할 수 있으며, 상대방은 대리권 없는 자가 한 계약을 본인이 추인하기 전에 철회할 수 있다.
4. 대리행위가 강행법규 위반으로 무효라면 표현대리가 성립할 수 없다(대리행위 자체는 유효한 법률행위여야 한다).
5. 비법인사단인 교회의 대표자가 권한 없이 총유물인 교회재산을 처분한 행위에 대하여는 민법 제126조의 표현대리에 관한 규정을 준용할 수 없다.
6. 증권회사의 지점장이 무효인 투자수익보장약정을 한 경우, 그와 같은 약정을 체결할 권한이 수여되었는지 여부에 불구하고 그 약정은 여전히 무효이므로 표현대리의 법리가 준용될 여지가 없다.
7. 표현대리가 성립하는 경우, 상대방에게 과실이 있다 하더라도 과실상계의 법리를 유추적용하여 본인의 책임을 경감할 수 없다.

8. 대리권 수여의 표시에 의한 표현대리에 해당하여 본인에게 대리의 효과가 귀속하기 위해서는 상대방은 선의·무과실이어야 한다.
9. 제125조 표현대리의 경우 "대리권 수여"라는 법문상 임의대리에 한정하는 규정이라고 보아야 한다.
10. 제125조 표현대리가 성립하기 위한 대리권 수여의 표시는 사회통념상 대리권을 추단할 수 있는 직함의 사용을 승낙한 경우도 포함한다.
11. 대리권 수여의 표시에 의한 표현대리는 본인과 대리행위를 한 사람 사이의 기본적인 법률관계의 성질이나 그 효력의 유무와는 관계없이, 어떤 자가 본인을 대리하여 제3자와 법률행위를 함에 있어 본인이 그 사람에게 대리권을 수여하였다는 표시를 제3자에게 한 경우에 성립한다.
12. 민법 제126조의 표현대리는 대리인이 본인을 위한다는 의사를 명시 혹은 묵시적으로 표시하거나 대리의사를 가지고 권한 외의 행위를 하는 경우에 성립한다.
13. 등기신청권과 같은 공법상의 대리권을 기본대리권으로 한 제126조 표현대리의 성립도 인정된다.
14. 부부 간의 일상가사대리권(법정대리권)은 권한을 넘은 표현대리의 기본대리권이 될 수 있다.
15. 본인의 성명을 모용하여 자기가 마치 본인인 것처럼 기망하여 본인 명의로 직접 법률행위를 한 경우, 특별한 사정이 없다면 제126조 표현대리는 성립할 수 없다(다만, 정당한 이유가 있다면 표현대리 법리가 유추적용될 수 있다).
16. 본인으로부터 아파트에 관한 임대 등 일체의 관리권한을 위임받아 본인으로 가장하여 아파트를 임대한 바 있는 대리인이 다시 자신을 본인으로 가장하여 임차인에게 아파트를 매도하는 법률행위를 한 경우에는 권한을 넘은 표현대리의 법리를 유추적용하여 본인에 대하여 그 행위의 효력이 미친다고 볼 수 있다.
17. 권한을 넘은 표현대리에 해당하는지 여부를 판단할 경우, 정당한 이유가 존재하는지 여부는 대리행위 당시를 기준으로 판단한다(대리행위 당시와 그 이후의 사정을 고려하여 판단하는 것은 아니다).
18. 권한을 넘은 표현대리에서 기본적 대리권은 권한을 넘은 행위와 동종 또는 유사한 것일 필요가 없다.
19. 단순한 사실행위는 기본대리권이 될 수 없음이 원칙이나 사자(使者)에 대해서는 제126조 표현대리를 적용할 수 있다.
20. 증권회사로부터 위임받은 고객의 유치, 투자상담 및 권유, 위탁매매 약정실적의 제고 등의 업무는 사실행위에 불과하므로 이를 기본대리권으로 하여 권한을 넘은 표현대리가 성립할 수 없다.
21. 권한을 넘은 표현대리에 관한 규정에 의해 보호받을 수 있는 상대방은 대리인과 직접 법률행위를 한 자에 한정된다(제126조의 제3자는 표현대리행위의 직접 상대방).
22. 과거에 가졌던 대리권이 소멸되어 민법 제129조에 의하여 표현대리가 되는 경우에 그 표현대리의 권한을 넘는 대리행위가 있을 때에는 권한을 넘은 표현대리가 성립할 수 있다(표현대리의 중첩).
23. 권한을 넘은 표현대리의 성립요건인 정당한 사유의 존재에 대해서는 그 대리행위의 유효를 주장하는 상대방이 입증책임을 부담한다.
24. 대리인이 복대리인을 통하여 대리권의 범위를 넘는 법률행위를 한 경우에도 권한을 넘은 표현대리에 관한 민법 제126조가 적용된다.
25. 복대리인 선임권이 없는 대리인에 의하여 선임된 복대리인의 권한도 기본대리권이 될 수 있다.
26. 제126조 표현대리 규정은 거래의 안전을 도모하여 거래상대방의 이익을 보호하려는 데에 그 취지가 있으므로 임의대리뿐만 아니라 법정대리에도 적용된다.
27. 처음부터 어떠한 대리권도 없었던 자에 대하여 대리권 소멸 후의 표현대리는 성립할 수 없다.
28. 대리인이 대리권 소멸 후 복대리인을 선임하여 복대리인으로 하여금 상대방과 사이에 대리행위를 하도록 한 경우에도 민법 제129조에 의한 표현대리가 성립할 수 있다.
29. 대리권 소멸 후의 표현대리는 법정대리인의 대리권 소멸에 관하여서도 그 적용이 있다.

VI. 법률행위의 무효와 취소

1. 무효와 취소

구분	무효	취소
법률행위의 효력	처음부터 당연히 채권적, 물권적 효력 없음	취소권자의 취소로 소급무효 (법률행위 유효 → 취소권 행사 → 소급무효)
사유	객관적 법질서 위반 • 의사무능력, 행위무능력 • 법률행위 목적의 요건 불만족 • 의사표시 요건 불만족(제107조, 제108조)	당사자의 의사 • 제한능력자의 법률행위 • 착오에 의한 의사표시 • 사기·강박에 의한 의사표시
권리행사기간	제한이 없으므로 시간이 경과하여도 계속 무효	제척기간 내에 취소권을 행사하지 않으면 취소권이 소멸(제146조)
제3자와의 관계	• 원칙: 절대적 무효 • 예외: 상대적 무효(의사표시에서 선의의 제3자)	• 절대적 취소: 제한능력자 • 상대적 취소: 의사표시
부당이득반환의 범위	법률행위를 취소하면 처음부터 무효가 되므로 그 결과, 무효와 취소에 의한 부당이득 반환의 범위는 같게 된다. 다만, 제한능력을 이유로 한 취소의 경우에는 제한능력자는 현존이익 범위 내에서만 반환책임을 진다.	
추인의 효력	• 원칙: 추인하여도 효력발생하지 않음 • 예외: 무효임을 알고 추인한 때 새로운 법률행위로 봄(제139조)	• 추인하면 유효한 법률행위로 확정(제143조) • 법정추인제도 마련(제145조)
무효와 취소의 경합 (무효임에도 취소할 수 있는 경우)	① 허위표시로 인한 무효일 때에도 요건을 충족하면 채권자취소권을 행사할 수 있다(대판 1961.11.9, 4293민상263). ② 토지거래허가를 받지 않아 유동적 무효의 상태에 있는 계약에 관하여 사기 또는 강박에 의한 계약의 취소를 인정한다(대판 1997.11.14, 97다36118). ③ 매도인이 매수인의 중도금지급채무 불이행을 이유로 매매계약을 해제한 후에도 매수인은 계약해제에 따른 손해배상책임을 면하기 위해 착오를 이유로 매매계약 전체를 취소할 수 있다(대판 1991.8.27, 91다11308). ④ 의사무능력자인 미성년자도 취소권을 행사할 수 있다.	

2. 법률행위의 무효

서설	의의	법률행위가 성립하였으나 효력요건을 만족하지 못하여 법률상 그 효력이 처음부터 당연히 없는 것을 말한다.
	구별개념	법률행위의 요건 중 성립요건이 미비한 경우 그 법률행위는 성립하지 않는데, 이는 효력요건이 불비인 경우의 무효와는 개념적으로 구분된다[불성립된 경우 무효행위의 전환 및 추인(제138조, 제139조)의 적용이 없다].
	종류 / 절대적 무효	• 법률행위의 당사자뿐만 아니라 제3자에 대한 관계에서도 무효를 주장할 수 있는 것 • 의사무능력자의 법률행위, 원시적 불능인 법률행위, 강행법규에 위반한 법률행위, 반사회질서의 법률행위, 불공정한 법률행위

		• 누구에게나 주장할 수 있고(제3자 보호 ×), 주장할 이익이 있는 자는 누구든지 주장할 수 있다. • 이행 전에는 이행할 필요가 없고, 이행했다면 부당이득 법리가 적용된다(제741조, 제746조). • 무효행위 전환은 적용될 여지가 있으나 무효행위의 추인은 인정되지 않는다.
	상대적 무효	• 법률행위의 당사자 사이에서는 무효이지만 선의의 제3자에게는 대항할 수 없는 것 • 비진의표시(상대방이 악의 또는 과실이 있는 때), 통정허위표시
	확정적 무효	법률행위의 효력이 발생되지 않음이 확정되어 있는 것
	유동적 무효	후술(하단 3. 유동적 무효 참고)

	일부무효	원칙: 법률행위 일부가 무효인 경우에는 전부무효를 원칙으로 한다(임의규정).
		① 예외: 다음의 요건을 만족하면 일부무효를 인정한다.
		  • 법률행위의 일체성: 법률행위가 일체적인 경우
		  • 분할가능성: 토지와 건물을 함께 매매하는 등 법률행위가 일체적으로 일어났으나 나눌 수 있는 경우여야 한다.
		  • 가정적 의사: 법률행위의 일부분이 무효임을 알았더라면 당사자가 나머지 부분만이라도 법률행위를 하였을 것이라는 가정적 의사가 있어야 한다. 이에 대한 입증책임은 나머지 부분의 유효를 주장하는 자에게 있다.
		② 명문에는 없지만 일부취소도 당연히 인정된다.

3. 유동적 무효(토지거래허가구역 내의 매매계약)

의의	행위 시에는 법률행위 효력이 발생하지 않으나, 제3자의 추인이나 관청의 인가를 받게 되면 법률행위 시에 소급하여 유효하게 되는 것을 유동적 무효라고 한다(토지거래허가구역 내의 매매, 무권대리).
성질	• 부동산 거래신고 등에 관한 법률상 토지거래허가구역 내에서 허가받지 않은 토지매매에 관한 규정은 효력규정으로 이와 배치되는 당사자 사이의 약정은 효력이 없다. • 허가를 전제로 하는 계약은 유동적 무효이다. • 애초에 허가를 배제·잠탈하려는 계약은 확정적으로 무효이다. • 허가구역 내의 토지에 관한 중간생략등기 및 그 약정은 모두 무효이다.
허가 전 법률관계	허가 전 매매계약은 무효이다. 따라서 물권적·채권적 효력 모두 없다. • 계약상 이행청구 불가 • 계약위반을 이유로 한 채무불이행 책임 없음(손해배상 불가, 법정해제 불가) • 귀책사유 있는 자도 무효주장 가능 • 허가를 조건으로 하는 소유권이전등기 불가 • 계약금의 부당이득반환청구 불가 • 계약금에 의한 임의해제 가능 • 착오, 사기, 강박, 비진의 의사표시, 통정허위표시 등을 이유로 취소·무효주장 가능

협력의무	<ul><li>소로써 허가신청절차에 협력하여 줄 것을 청구할 수 있음(소구 가능)</li><li>협력의무는 부수적 급부의무이므로 이것의 위반을 이유로 해제 불가, 손해배상 청구 가능</li><li>협력의무의 이행과 대금의 지급은 동시이행관계가 아니므로 대금의 미지급을 이유로 협력의무 이행을 거절할 수 없다.</li></ul>	
계약의 확정	확정적 유효	확정적 무효
	<ul><li>허가처분</li><li>허가구역 지정해제 또는 만료 후 재지정 없는 경우</li></ul>	<ul><li>불허가처분</li><li>허가를 배제·잠탈하려는 내용의 계약</li><li>당사자가 토지거래허가신청을 하지 않기로 하는 의사표시를 명백히 한 경우</li><li>허가를 받기 전에 정지조건의 불성취가 확정된 경우(다만, 허가기간을 약정한 후 기간이 도과되었다는 사실만으로 바로 무효는 아님)</li></ul>

4. 무효행위의 전환

서설	조문	제138조【무효행위의 전환】무효인 법률행위가 다른 법률행위의 요건을 구비하고 당사자가 그 무효를 알았더라면 다른 법률행위를 하는 것을 의욕하였으리라고 인정될 때에는 다른 법률행위로서 효력을 가진다.
	의의	법률행위가 원래 의도한 효력을 발생할 수 없지만 다른 법률행위의 요건을 갖춘 경우, 그 다른 법률행위의 효력을 발생하게 하는 것을 말한다
요건		<ul><li>무효인 법률행위 존재(법률행위가 불성립한 경우 전환의 문제가 발생할 여지가 없다)</li><li>그 행위가 다른 유효한 법률행위의 요건을 만족</li><li>당사자가 그 무효를 알았더라면 다른 법률행위를 할 것을 의욕하였으리라고 인정(가정적 의사)</li></ul>
효과		다른 법률행위로서 효력 발생
예		<ul><li>타인의 子를 친생자로 출생신고한 경우에 입양신고로 인정될 수 있다.</li><li>매매계약이 대금의 과다로 제104조 무효가 되더라도 당사자 쌍방이 위와 같은 무효를 알았더라면 대금을 다른 액으로 정하여 매매계약에 합의하였을 것이라고 예외적으로 인정되는 경우에는 그 대금액을 내용으로 하는 매매계약이 유효하게 성립할 수 있다.</li></ul>

5. 무효행위의 추인

서설	조문	제139조【무효행위의 추인】무효인 법률행위는 추인하여도 그 효력이 생기지 아니한다. 그러나 당사자가 그 무효임을 알고 추인한 때에는 새로운 법률행위로 본다.
	의의	무효인 법률행위를 유효로 인정하는 당사자의 의사표시를 말한다.
요건		<ul><li>무효인 법률행위 존재</li><li>무효의 원인이 소멸하였을 것: 따라서 강행법규의 위반, 반사회질서 법률행위, 불공정한 법률행위 등은 추인을 하여도 유효로 될 수 없다.</li><li>당사자가 무효임을 알고 추인하였을 것</li><li>추인 시 새로운 법률행위로서 유효요건을 구비할 것</li></ul>

방식	• 일부추인: 채무자는 일부 개별 채권을 특정하여 추인하는 것이 가능하다. • 묵시적 추인: 묵시적 추인도 인정된다(당사자가 이전의 법률행위가 존재함을 알고 그 유효함을 전제로 하여 이에 터 잡은 후속행위를 하였다고 해서 그것만으로는 이전의 법률행위를 묵시적으로 추인했다고 단정할 수 없다).
효과	① 원칙: 추인에는 소급효가 없다(추인한 때부터 새로운 법률행위를 한 것으로 간주). ② 예외: 당사자의 의사에 의해 행위 시로 소급시킬 수 있다. • 입양 등 무효인 가족법상 행위와 소송행위에서 추인의 소급효를 인정한 바 있다.

6. 무권리자 처분행위

의의	타인에 속하는 권리를 목적으로 한 법률행위를 한 경우 • 채권행위는 유효이다(타인권리 매매). • 처분권한 없는 자의 처분행위는 무효이다.
추인	• 무효행위의 추인을 적용하지 않는다. • 무권대리행위에서 본인의 추인의 법리를 유추적용하여 원칙적으로 권리자가 그 계약을 추인했다면 계약의 효과가 계약을 체결했을 때로 소급하여 권리자에게 귀속한다.

핵심빈출 정지문

1. 법률행위의 일부분이 무효인 때에는 원칙적으로 전부를 무효로 한다(약관은 일부무효 원칙).
2. 법률행위의 일부가 강행법규의 위반으로 무효인 경우, 일부무효원칙을 적용하나 당해 효력규정과 그 규정을 둔 법의 입법취지를 고려하여 나머지 부분의 무효 여부를 결정하여야 한다.
3. 국토의 계획 및 이용에 관한 법률상 토지거래허가를 받지 않고 매매계약을 체결한 경우 허가를 받기 전에는 물권적 효력은 물론 채권적 효력도 발생하지 않는다(매도인의 소유권이전의무, 매수인의 대금지급의무는 없다).
4. 유동적 무효 상태의 매매계약에 기하여 임의로 지급한 계약금 등은 그 계약이 유동적 무효 상태로 있는 한 그를 부당이득으로서 반환을 구할 수 없다.
5. 토지거래허가구역 내의 매매계약이 있고 후에 허가를 받으면 그 계약을 소급해서 유효화되므로 허가 후에 새로이 거래계약을 체결할 필요는 없다.
6. 토지거래허가를 받기 전의 거래계약이 사실상 처음부터 허가를 배제하거나 잠탈하는 내용의 계약일 경우에는 확정적 무효로서 유효화될 여지가 없다.
7. 토지거래허가를 받지 않아 유동적 무효 상태에 있는 거래계약에 관하여 사기 또는 강박에 의한 계약의 취소를 주장할 수 있다.
8. 토지거래계약이 허가구역 지정이 해제되거나 지정기간이 만료되었으나 재지정이 없는 경우 매매계약은 확정적으로 유효가 된다.
9. 유동적 무효인 계약이 확정적으로 무효로 된 경우, 그에 관해 귀책사유가 있는 당사자도 계약의 무효를 주장할 수 있다.
10. 토지거래허가구역 내의 매매계약이 유동적 무효 상태에 있다 하더라도, 매수인은 지급한 계약금을 포기하고 매도인은 수령한 계약금의 배액을 매수인에게 상환하고 그 매매계약을 해제할 수 있다.
11. 당사자 일방이 임의적으로 거래허가신청을 하였다가 불허가받았다는 사실만으로는 당해 거래계약이 확정적으로 무효가 되는 것은 아니다.
12. 토지거래허가구역 내의 토지에 대한 매매계약이 있는 경우, 계약을 체결한 쌍방 당사자는 공동으로 관할 관청의 허가를 신청할 의무가 있다.
13. 당사자 일방이 위의 의무를 이행하지 않고 있다면, 상대방은 그 협력의무의 이행을 소송으로써 구할 이익이 있다.

14. 토지거래계약 허가를 받기 위한 협력 자체를 이행하지 아니하는 경우, 계약을 해제할 수는 없고, 상대방에게 그 의무불이행을 이유로 손해배상을 청구할 수 있다(협력의무는 부수적 급부의무에 불과).
15. 토지거래허가 신청절차에 협력할 의무와 매수인의 매매대금 지급의무가 동시이행의 관계에 있다고 볼 수는 없다(매매대금 미지급을 이유로 협력의무를 거절할 수 없다).
16. 토지거래허가구역 내에 중간생략등기가 이루어진 경우, 매매계약은 확정적 무효가 된다.
17. 매도인의 채무가 이행불능임이 명백하고 매수인도 거래의 존속을 바라지 않는 경우 매매계약은 확정적으로 무효가 된다.
18. 매매계약이 정지조건부 계약이었을 때 그 조건이 허가를 받기 전에 불성취로 확정된 경우에는 계약은 당연히 확정적으로 무효가 된다.
19. 계약이 불성립되었다면 무효행위의 전환이나 추인에 관한 규정이 적용될 여지가 없다.
20. 무효인 법률행위가 다른 법률행위의 요건을 구비하고 당사자가 그 무효를 알았더라면 다른 법률행위를 하는 것을 의욕하였으리라고 인정될 때에는 다른 법률행위로서의 효력을 가진다(전환).
21. 불공정한 법률행위에도 무효행위의 전환의 법리가 적용될 수 있다.
22. (사용자가 근로자의 임금 지급에 갈음하여 사용자가 제3자에 대하여 가지는 채권을 근로자에게 양도하기로 하는 약정은 그 전부가 무효) 사용자와 근로자가 위와 같은 무효를 알았다면 임금의 지급에 갈음하는 것이 아니라 그 지급을 위하여 채권을 양도하는 것을 의욕하였으리라고 인정될 때에는 무효행위의 전환의 법리에 따라 그 채권양도 약정은 임금의 지급을 위하여 한 것으로서 효력을 가질 수 있다.
23. 무효인 법률행위는 추인하여도 그 효력이 생기지 않는다. 다만, 당사자가 그 무효임을 알고, 무효원인이 소멸한 후에 추인한 때에는 새로운 법률행위로 본다.
24. 무효행위의 추인은 묵시적인 방법으로도 할 수 있다.
25. 추인의 요건을 갖추면 취소로 무효가 된 법률행위의 추인도 허용된다.
26. 무효인 가등기를 유효한 등기로 하기로 한 약정이 있어도 가등기가 소급하여 유효한 등기가 되는 것은 아니다.
27. 무권리자의 처분이 계약으로 이루어진 경우에 권리자가 이를 추인하면 원칙적으로 계약의 효과가 계약을 체결했을 때에 소급하여 권리자에게 귀속된다고 보아야 한다.
28. 타인의 권리를 자기의 이름으로 처분하거나 또는 자기의 권리로 처분한 경우에 본인이 후일 그 처분행위를 인정하면 특단의 사정이 없는 한 그 처분행위의 효력이 본인에게 미친다.
29. 무효행위의 추인이 있었다는 사실은 새로운 법률행위의 성립을 주장하는 자가 증명하여야 한다.
30. 법률행위의 무효는 누구나 주장할 수 있다.
31. 타인의 권리를 목적으로 하는 매매계약은 원칙적으로 유효하다.
32. 타인 소유의 부동산을 처분권 없이 처분하는 행위는 무효이다. 다만, 소유권자가 추인하면 소급하여 매매계약이 유효가 된다(무권리자 처분행위).
33. 의사표시 하자에 의해 법률행위가 무효로 인정되는 경우, 선의의 제3자에게는 그 무효를 주장할 수 없다.
34. 법률행위가 무효와 취소사유 모두를 포함하고 있는 경우, 당사자는 취소권이 있더라도 무효에 따른 효과를 제거하기 위해 이미 무효인 법률행위를 취소할 수 있다.
35. 무효인 법률행위에 따른 법률효과를 침해하는 것처럼 보이는 채무불이행이 있다 하더라도 이를 이유로 손해배상을 청구할 수 없다.

7. 법률행위의 취소

의의		• 일단 유효하게 성립된 법률행위를 제한능력 또는 의사표시의 결함을 이유로 행위 시에 소급하여 소멸케 하는 취소권자의 의사표시를 법률행위의 취소라고 한다. • 법률행위의 취소는 취소권자만 할 수 있다.
취소권자	제한능력자	법정대리인의 동의 없이 단독으로 취소할 수 있다.
	착오·사기·강박에 의한 표의자	상대방은 취소를 할 수 없다.
	대리인	• 법정대리인은 취소권을 대리하는 것이 아닌 고유의 취소권이 있다. • 임의대리인이 취소권을 행사하기 위해서는 특별수권이 필요하다.
	승계인	• 취소권자로부터 그 법적지위를 승계(포괄승계, 특정승계)한 사람 • 취소권만의 승계는 부정된다.
취소의 방법	일방적 의사표시	• 취소권은 형성권이므로 단독의 일방적 의사표시에 의한다. • 취소권의 행사에는 특별한 방식이 요구되지 않는다. 따라서 법률행위의 취소를 당연한 전제로 한 소송상의 이행청구나 이를 전제로 한 이행거절 가운데는 취소의 의사표시가 포함되어 있다고 볼 수 있다.
	취소의 상대방	• 취소할 수 있는 법률행위의 상대방이 확정한 경우에는 그 취소는 그 상대방에 대한 의사표시로 하여야 한다. • 상대방이 그 권리를 제3자에게 양도한 경우 취소의 의사표시는 제3자가 아닌 원래의 상대방에게 하여야 한다.
취소의 효과	소급효	• 법률행위를 취소하면 그 법률행위는 소급하여 처음부터 무효인 것으로 본다. • 제한능력자 - 절대적 효력 / 착오, 사기, 강박 - 상대적 효력
	부당이득	• 이행 전 채무는 이행할 필요가 없고, 이미 이행된 채무는 반환의무가 생긴다. • 제한능력자는 선·악의를 불문하고 그 행위로 인하여 받은 이익이 현존하는 한도에서 상환할 책임이 있다.

8. 취소할 수 있는 법률행위의 추인

임의추인	의의		그 법률행위를 취소하지 않겠다는 확정적인 의사표시로 그 법적성질은 취소권의 포기이다(추인을 하면 더 이상 취소할 수 없고 확정 유효로 된다).
	요건	추인권자	추인권자 = 취소권자
		취소원인의 소멸	• 추인은 취소원인이 소멸한 후 해야 한다(제한능력자는 능력자가 된 후, 착오·사기·강박의 경우 그 상태에서 벗어난 후) • 법정대리인은 언제나 추인할 수 있다.
		추인권자의 인식	추인은 그 행위가 취소할 수 있는 것임을 알고 하여야 한다.

법정추인	조문	제145조【법정추인】취소할 수 있는 법률행위에 관하여 전조의 규정에 의하여 추인할 수 있는 후에 다음 각 호의 사유가 있으면 추인한 것으로 본다. 그러나 이의를 보류한 때에는 그러하지 아니하다. 1. 전부나 일부의 이행 2. 이행의 청구☆ 3. 경개 4. 담보의 제공 5. 취소할 수 있는 행위로 취득한 권리의 전부나 일부의 양도☆ 6. 강제집행 (TIP) ☆는 취소권자가 행한 경우에만 법정추인이 인정된다.
	의의	일정한 사유가 있을 때 추인의 의사표시가 된 것으로 볼 수 있는 예를 규정한 것이 제145조 법정추인이다.
	요건	• 취소 원인이 소멸할 것 • 이의를 보류하지 않을 것(당사자의 인식은 묻지 않는다) • 제145조 각 호의 사유에 해당될 것(제2호와 제5호는 취소권자가 한 경우에 한한다)

9. 민법상의 추인제도

민법의 추인	• 무권대리행위의 추인: 본인의 추인 / 소급효 ○ • 무권리자처분행위의 추인: 권리자의 추인 / 소급효 ○ / 민법 규정 ×(무권대리유추 ○) • 무효행위의 추인: 무효추인 × / 장래효 • 취소할 수 있는 법률행위의 추인: 취소권자 추인 / 원인 소멸 + 인식 ➔ 유효

핵심빈출 정지문

1. 취소는 법률행위의 효력을 소급적으로 소멸하게 한다는 점에서 법률행위의 효력이 발생 또는 확정되기 전에 의사표시를 장래에 향하여 소멸시키는 철회와 구분된다.
2. 취소권과 취소할 수 있는 법률행위의 추인권은 형성권이다.
3. 법정대리인은 취소권이 있으나, 임의대리인은 본인으로부터 취소권을 수권한 경우에만 취소권을 행사할 수 있다.
4. 법률행위의 취소로 무효가 된 그 법률행위는 무효행위의 추인의 법리에 따라 추인할 수 있다.
5. 당사자 쌍방이 각각 취소 사유 없이 법률행위를 취소한 경우 쌍방이 모두 취소의 의사표시를 하였다는 사정만으로 그 법률행위의 효력이 상실되는 것은 아니다.
6. 법률행위의 취소는 상대방에 대한 의사표시로 하여야 한다(형성권, 불요식).
7. 乙이 甲을 기망하여 甲소유의 부동산을 매수하여 악의의 丙에게 전매한 경우, 甲은 취소의 의사표시를 丙이 아닌 乙에게 하여야 한다.
8. 가정적 의사가 인정되면 일부취소도 가능하다.
9. 제한능력자는 법정대리인의 동의가 없더라도 단독으로 법률행위를 취소할 수 있다.
10. 사기·강박에 의하여 의사표시를 한 자의 포괄승계인은 그 의사표시를 취소할 수 있다.
11. 법률행위의 취소를 전제로 한 소송상의 이행청구나 이를 전제로 한 이행거절에는 취소의 의사표시가 포함되어 있다.
12. 근로계약에 따른 노무 제공 후 근로계약이 취소되면 근로계약은 장래를 향해 무효가 된다.
13. 미성년자가 한 법률행위가 적법하게 취소된 경우 법률행위는 처음부터 무효인 것으로 보고, 미성년자는 그 행위로 받은 이익이 현존하는 한도에서 상환할 책임이 있다.
14. 법정대리인은 취소 원인 종료 전에도 제한능력을 이유로 취소할 수 있는 법률행위를 이유로 추인할 수 있다.
15. 미성년자가 성년이 된 후 취소할 수 있는 법률행위를 추인하면 법정대리인은 더 이상 취소할 수 없다.

16. 제한능력자가 취소의 원인이 소멸된 후에 이의를 보류하지 않고 채무 일부를 이행하면 추인한 것으로 본다.
17. 취소할 수 있는 법률행위에 관하여 추인할 수 있는 후에 이의를 보류하지 않고 전부나 일부의 이행, 이행의 청구, 경개, 담보의 제공, 취소할 수 있는 행위로 취득한 권리의 전부나 일부의 양도, 강제집행을 하면 추인한 것으로 본다.
18. 乙이 甲을 기망하여 건물을 매도하는 계약을 체결한 경우 甲이 이전등기에 필요한 서류를 乙에 제공하였으나 乙이 제공한 매매대금을 甲이 수령하지 않으면 법정추인이 되지 않는다.
19. 취소권자가 상대방에게 이행을 청구한 것은 법정추인에 해당한다(이행청구 - 본인이 ○ / 상대방이 ×).
20. 취소권자가 상대방과 경개계약을 체결한 경우 법정추인이 인정된다.
21. 기망을 통한 건물 매매계약이 있은 후, 취소권자의 상대방이 매매계약의 취소를 통해 취득하게 될 계약금반환청구권을 제3자에게 양도한 것은 법정추인으로 볼 수 없다(양도 - 본인이 ○ / 상대방이 ×).
22. 취소권자가 상대방으로부터 담보를 제공받거나 상대방에게 담보를 제공한 것은 법정추인 사유에 해당한다.
23. 법정추인이 인정되면 취소할 수 있는 법률행위는 확정적으로 유효가 된다.
24. 이의를 보류하면서 담보를 제공하였다면 법정추인된 것으로 볼 수 없다.
25. 법정추인이 인정되기 위해서는 추인권자에게 추인의 의사가 있을 필요가 없고, 취소권의 존재를 인식할 필요도 없다.
26. 취소권은 추인할 수 있는 날로부터 3년 내에 행사하여야 하는데, 이 때 추인할 수 있는 날이란 취소의 원인이 종료되어 취소권 행사에 관한 장애가 없어져 추인 또는 취소를 할 수 있는 상태가 된 때를 가리킨다.
27. 甲은 乙의 기망행위로 자기 소유 건물을 乙에게 매도하고 소유권이전등기를 경료하였다. 甲은 사기 사실을 안 날로부터 3년, 매매계약을 체결한 날로부터 10년 내에 취소권을 행사하여야 한다.
28. 추인 가능시기 이후 취소권을 행사할 수 있는 3년은 제척기간이다. 따라서 기간의 준수 여부는 법원의 직권조사사항이다.

VII. 법률행위의 부관

1. 조건과 기한

구분	조건(결혼을 한다면)	기한(성인이 된다면)
의의	법률행위 효력의 발생·소멸을 장래 발생이 불확실한 사실의 성부에 의존케 하는 부관	확실한 사실의 성부에 의존케 하는 부관
종류	• 정지조건, 해제조건 • 수의조건, 비수의조건	• 시기, 종기 • 확정, 불확정 기한
붙일 수 없는 행위	• 단독행위(단, 상대방 동의, 상대방에게 불리하지 않거나, 상대방이 결정할 수 있는 사실을 조건으로 하는 경우에는 붙일 수 있음) • 신분행위(단, 유언에는 붙일 수 있음) • 어음·수표행위	• 신분행위 • 소급효 있는 행위(취소, 상계 등) • 어음·수표행위에는 시기 가능
소급효	(특약이 없으면) 소급효 없다.	특약으로도 소급효 없다.
구별	부관에 표시된 사실이 발생하지 아니하면 채무를 이행하지 아니하여도 된다고 보아야 할 때에는 정지조건으로 보고, 표시된 사실이 발생한 때는 물론이고 반대로 발생하지 아니하는 것이 확정된 때에도 그 채무를 이행하여야 한다고 보는 것이 타당한 경우에는 표시된 사실의 발생 여부가 확정되는 것을 불확정기한으로 정한 것으로 보아야 한다.	

2. 조건부 법률행위

부관		부관이란, 법률행위의 효과의 발생 또는 소멸을 제한하기 위하여 당해 법률행위의 내용으로 부과된 약관을 말한다.
의의		• 법률행위의 효력발생 또는 소멸을 장래의 불확실한 사실의 성부에 의존케 하는 부관(결혼을 하면?) • 의사표시의 일반원칙에 따라 조건의사와 그 표시가 필요하며 없다면 동기에 불과하다. • 조건을 붙이고자 하는 의사표시에는 별도의 방식이 요구되지 않으며 묵시적으로 할 수 있다.
유형	정지조건	법률행위 효력의 발생을 조건에 의존케 하는 것(시험에 합격하면 자동차를 증여하겠다)
	해제조건	법률행위의 효력의 소멸을 조건에 의존케 하는 것(시험에 합격할 때까지 100만 원씩 주겠다)
	기타	수의조건: 조건의 성취 여부가 당사자 일방의 의사에만 의존하는 것(순수수의조건은 무효이다.
가장조건	의의	외관상으로는 조건이지만 실질적으로는 조건의 효력이 인정되지 않는 것
	법정조건	법률행위의 효력을 위해 법이 특별히 요구하는 요건(법정조건)은 조건이 아니다.
	불법조건	• 조건이 선량한 풍속 기타 사회질서를 위반한 것인 때 • 불법조건만 무효가 되는 것이 아니라 법률행위 자체가 무효가 된다
	기성조건	법률행위 당시에 이미 성립하고 있는 조건 (TIP) 기해무 / 불정무
	불능조건	객관적으로 실현이 불가능한 사실을 내용으로 하는 조건
조건과 친하지 않은 행위		• 가족법상 신분행위(혼인, 인지, 입양, 상속포기 등) / 단, 유언에는 붙일 수 있다. • 어음·수표행위 • 근로계약 • 단독행위: 원칙적으로 조건을 붙일 수 없다. ① 상대방이 동의를 하거나, ② 상대방에게 이익만을 주는 경우(예 채무면제, 유증), ③ 상대방이 결정할 수 있는 사실을 조건으로 한 경우(예 이행지체에 빠진 상대방에게 일정한 기간을 정하여 채무의 이행을 최고하면서 그 기간 내에 이행하지 않는 경우 계약을 해제한다는 의사표시) 조건을 붙일 수 있다.
		위반의 효과: 조건과 친하지 않은 법률행위에 조건을 붙인 경우 그 법률행위 전부가 무효
의제	조건성취의 의제	• 조건의 성취로 인하여 불이익을 받을 당사자가 신의성실에 반하여 조건의 성취를 방해한 때에는 상대방은 그 조건이 성취한 것으로 주장할 수 있다. • "조건성취를 방해한 때": 조건이 성취된 것으로 의제되는 시점은 이러한 신의성실에 반하는 행위가 없었더라면 조건이 성취되었으리라고 추산되는 시점(방해행위 즉시 의제되지 않음) • 방해행위가 없었어도 조건성취 가능성이 낮을 때는 성취가 의제되지 않는다. • 정당하게 기대되는 협력을 신의성실에 반하여 거부함으로써 계약에서 정한 사항을 이행할 수 없게 된 경우에 유추적용할 수 있다.
	조건부성취의 의제	조건의 성취로 인하여 이익을 받을 당사자가 신의성실에 반하여 조건을 성취시킨 때에는 상대방은 그 조건이 성취하지 아니한 것으로 주장할 수 있다.

효력	조건의 성부 확정 전의 효력	• 조건부권리의 침해금지: 조건 있는 법률행위의 당사자는 조건의 성부가 미정한 동안에 조건의 성취로 인하여 생길 상대방의 이익을 해하지 못한다. • 조건부권리의 처분 등: 조건의 성취가 미정한 권리·의무는 일반규정에 의하여 처분, 상속, 보존 또는 담보로 할 수 있다.	
	조건성취 후의 효력	조건성취의 효과: 정지조건 있는 법률행위는 조건이 성취한 때로부터 그 효력이 생기고, 해제조건 있는 법률행위는 조건이 성취한 때로부터 그 효력을 잃는다.	
	소급효	당사자의 의사에 의해 소급효 인정 가능 (TIP) 기한은 합의로 소급할 수 없다.	
입증책임	구분	정지조건	해제조건
	조건의 존재 여부	조건이 존재한다는 사실은 그 존재를 주장하는 자	
	해당한다는 사실	그 법률효과의 발생을 다투려는 자	해제조건의 존재를 주장하면서 효력을 주장하는 자
	성취 여부	법률행위의 효력이 발생되었다고 주장하는 자	

3. 조건과 기한의 비교

판례의 태도	부관에 표시된 사실이 발생하지 아니하면 채무를 이행하지 아니하여도 된다고 보는 것이 상당한 경우에는 조건으로 보아야 하고 반대로 발생하지 아니하는 것으로 확정된 때에도 채무를 이행한다고 보는 것이 상당한 경우 불확정기한으로 보아야 한다.
예	• 임차인에게 매도할 때까지(기간의 약정이 없는 것 = 해지통고 가능, 조건) • 분양계약기간 완료 후 미분양 물건은 甲이 모두 인수하는 조건(조건 아니다) • 타인에게 임대되면 임차보증금 반환하겠다. +1년 5개월 동안 임대 ×(불확정기한) • 수급인이 공급한 목적물을 도급인이 검사하여 합격하면 돈 주겠다(불확정기한).

4. 기한부 법률행위

의의	법률행위의 효력발생 또는 소멸을 장래의 확실한 사실의 성부에 의존케 하는 부관(성인이 되면?)	
유형	시기	법률행위 효력의 발생 또는 채무이행의 시기를 장래 발생이 확실한 사실을 의존케 하는 기한(1일부터 임차한다)
	종기	법률행위 효력의 소멸을 장래 발생이 확실한 사실에 의존케 하는 기한(1일까지 임차한다)
	확정기한, 불확정기한	도래시기의 확정 여부에 따라 기한의 유형이 나뉜다(확정기한: 다음 달 1일, 불확정기한: 성년이 되었을 때).
친하지 않은 행위	• 가족법상 신분행위 • 소급효가 있는 행위: 시기를 붙이면 소급효가 무의미해지기 때문이다. • 어음·수표행위: 조건은 붙일 수 없지만 시기를 붙이는 것은 허용된다.	
효력	기한 도래 전 효력	= 조건
	기한 도래 후 효력	• 기한이 도래한 때 시기는 효력이 발생하고 종기는 효력을 잃는다. • 기한 도래에는 소급효가 없고, 당사자 약정으로도 소급하지 못한다.

	조문	제153조 【기한의 이익과 그 포기】 ① 기한은 채무자의 이익을 위한 것으로 추정한다. ② 기한의 이익은 이를 포기할 수 있다. 그러나 상대방의 이익을 해하지 못한다.	
	의의	• 기한이 도래하지 않음으로써 그 동안 당사자가 받는 이익을 말한다. • 보통은 채무자가 기한의 이익을 가지는 경우가 보통이므로 기한은 채무자의 이익을 위한 것으로 추정한다.	
	포기	• 기한의 이익을 가지는 자는 이를 포기할 수 있다. 다만, 상대방의 이익을 해하지 못한다. • 기한의 이익이 일방에게 있는 경우(무이자부 소비대차): 일방적 의사표시에 의하여 임의로 기한의 이익을 포기할 수 있다. • 기한의 이익이 쌍방 모두에게 있는 경우(이자부 소비대차): 기한이익을 포기하기 위해서는 상대방의 손해를 배상해야 한다.	
기한의 이익	상실	법정	제388조 【기한의 이익의 상실】 채무자는 다음 각 호의 경우에는 기한의 이익을 주장하지 못한다. 1. 채무자가 담보를 손상, 감소 또는 멸실하게 한 때 2. 채무자가 담보제공의 의무를 이행하지 아니한 때
			• 법정 기한이익 상실의 사유가 발생하면 채무자는 기한의 이익을 주장하지 못한다(임의규정). • 기한의 도래를 의제하는 것은 아니므로 당연히 이행지체가 되는 것은 아니다.
		약정	정지조건부	• 일정한 사유가 발생하면 채무자의 청구를 요함이 없이 기한의 이익이 상실되어 채무의 이행기가 도래하는 것을 내용으로 하는 약정이다. • 사유발생 시 소멸시효가 진행하고 이행지체에 빠진다.
			형성권적	• 일정한 사유가 발생한 것만으로 곧바로 기한의 도래가 의제되지 않고 채권자가 기한이익 상실의 의사표시를 한 때 비로소 기한의 도래가 의제되는 것을 내용으로 하는 약정이다. • 청구 시 소멸시효가 진행하고 이행지체에 빠진다.
			불명확한 경우	명백히 정지조건부 기한이익 상실의 특약이라고 볼 만한 특별한 사정이 없는 이상 형성권적 기한이익 상실의 특약으로 추정한다.

(실제 표 구조는 위와 다르게 병합되어 있음)

핵심빈출 정지문

1. 조건은 법률행위의 효력의 발생 또는 소멸을 장래 발생이 불확실한 사실에 의존시키는 법률행위의 부관이다.
2. 조건을 붙이고자 하는 의사가 있더라도 그것이 표시되지 않으면 조건이 되지 않는다.
3. "3년 안에 甲이 사망하면 현재 甲이 사용 중인 乙 소유의 자전거를 乙이 丙에게 증여한다."는 계약은 조건부 법률행위이다.
4. 어느 법률행위에 어떤 조건이 붙어 있었는지 여부는 사실인정의 문제로서 그 존재를 주장하는 자가 이를 입증하여야 한다.
5. 정지조건은 법률행위 효력의 발생을 장래의 불확실한 사실에 의존케 하는 조건이다(성취 시 효력 발생).
6. 해제조건은 법률행위 효력의 소멸을 장래의 불확실한 사실에 의존케 하는 조건이다(성취 시 효력 소멸).
7. 정지조건이 있는 법률행위는 조건이 성취한 때로부터 그 효력이 발생하고, 해제조건이 있는 법률행위는 조건이 성취된 때로부터 그 효력을 잃는다.
8. 정지조건부 법률행위에서 그 조건이 성취되었다는 사실은 이에 의하여 권리를 취득하고자 하는 자에게 그 증명책임이 있다.

9. 순수수의조건은 언제나 무효이다.
10. 약혼 예물 수수는 혼인 불성립을 해제조건으로 하는 증여이다.
11. 대금이 완납되면 매매목적물의 소유권이 이전된다는 조항이 있는 소유권유보부 매매는 대금이 모두 지급되는 것을 정지조건으로 하는 법률행위이다.
12. "분양계약기간 완료 후 미분양 물건은 분양대행인이 모두 인수하는 조건으로 한다."는 특약이 있는 경우, 이는 인수의무를 부담한다는 계약의 내용을 정한 것에 불과하고 이와 달리 계약의 효력발생이 좌우되게 하려는 조건을 정한 것이라고 보기 어렵다.
13. 부관에 표시된 사실이 발생하지 아니하면 채무를 이행하지 아니하여도 된다고 보는 것이 상당한 경우에는 조건으로 보아야 하고, 표시된 사실이 발생한 때에는 물론이고 반대로 발생하지 아니하는 것이 확정된 때에도 그 채무를 이행하여야 한다고 보는 것이 상당한 경우에는 표시된 사실의 발생 여부가 확정되는 것을 불확정기한으로 정한 것으로 보아야 한다.
14. "3개월 이내에 희망퇴직신청을 하는 경우에, 회사정리계획 인가결정일부터 1개월 이내에 위로금을 지급한다."는 약정이 근로자와 사용자 사이에 있는 경우, 이는 기한부 법률행위로서 회사정리계획 인가결정 기일이 열리지 않았다면 회사는 근로자에게 위로금을 지급하여야 한다.
15. 조건이 선량한 풍속, 사회질서에 반하면 조건뿐만 아니라 법률행위 전체가 무효가 된다.
16. 부첩관계의 종료를 해제조건으로 하는 증여계약은 그 조건만이 아닌 법률행위 전부가 무효이다.
17. 법률행위의 효력을 위해 법이 특별히 요구하는 요건은 조건이 아니다.
18. 조건이 법률행위 당시 이미 성취된 경우, 그 조건이 정지조건이면 법률행위는 무효가 아닌 조건 없는 법률행위가 된다.
19. 불능조건이 해제조건으로 붙은 법률행위는 조건 없는 법률행위가 된다.
20. 기성조건이 정지조건이면 조건 없는 법률행위가 되고, 불능조건이 정지조건이면 그 법률행위는 무효이다.
21. "행정사 시험에 합격하면 자동차를 사주겠다."고 약속한 경우 약속 당시 이미 시험에 합격했다면 이는 조건 없는 증여이다.
22. 신분상의 행위, 단독행위, 어음·수표행위는 조건과 친하지 않은 법률행위이다.
23. 유증이나 채무의 면제와 같이 상대방의 동의가 있거나 상대방에게 이익만을 주는 단독행위에는 조건을 붙일 수 있다.
24. 이행지체의 경우 채권자는 상당한 기간을 정한 최고와 함께 그 기간 내에 이행이 없을 것을 정지조건으로 하여 계약을 해제할 수 있다.
25. 조건의 성취로 인하여 불이익을 받을 당사자가 신의성실에 반하여 조건의 성취를 방해한 때에는 상대방은 그 조건이 성취한 것으로 주장할 수 있다.
26. 위의 경우, 신의성실에 반하는 행위가 없었다면 조건이 성취되었으리라고 추정되는 때에 조건이 성취된 것으로 본다.
27. 조건의 성취가 미정인 권리도 일반규정에 의하여 양도, 상속할 수 있고, 담보로 제공할 수 있다.
28. 조건이 성취되거나 기한이 도래한 경우 그 효력은 소급하지 않으나 당사자의 의사에 의해 조건은 소급효 특약을 할 수 있다(기한의 소급특약은 무효이다).
29. (조건성취사실) 정지조건의 경우에는 권리를 취득한 자가 조건성취에 대한 증명책임을 부담한다.
30. (정지조건부 법률행위에 해당한다는 사실) 법률행위가 정지조건부 법률행위에 해당한다는 사실은 그 효력 발생을 다투는 자에게 증명책임이 있다.
31. (조건의 존재 여부) 어느 법률행위에 어떤 조건이 붙어 있었는지는 그 조건의 존재를 주장하는 자가 이를 증명하여야 한다.
32. 임대차 기간을 임차인에게 매도할 때까지로 정한 경우, 특별한 사정이 없는 한 기간의 약정이 없는 것으로 보아야 한다.
33. 시기(始期)가 있는 법률행위는 기한이 도래한 때부터 그 효력이 발생한다.
34. 종기(終期)가 있는 법률행위는 기한이 도래한 때로부터 그 효력을 잃는다.
35. 법률행위에 붙은 부관이 조건인지 기한인지가 명확하지 않으면 법률행위의 해석을 통해서 이를 결정해야 한다.

36. 부관에 표시된 사실이 발생하지 않으면 채무를 이행하지 않아도 된다고 보는 것이 합리적인 경우에는 조건으로 보아야 한다.
37. 부관에 표시된 사실이 발생한 때에는 물론이고 반대로 발생하지 않는 것이 확정된 때에도 채무를 이행하여야 한다고 보는 것이 합리적인 경우에는 불확정기한으로 정한 것으로 보아야 한다.
38. 기한의 도래가 미정인 권리·의무도 일반규정에 의하여 처분하거나 담보로 할 수 있다.
39. 기한의 이익은 특약이나 법률행위의 성질로 분명하지 아니한 경우에는 채무자를 위한 것으로 추정한다.
40. 불확정한 사실이 발생한 때를 기한으로 정한 경우, 그 사실의 발생이 불가능하게 된 때에도 기한이 도래한 것으로 본다.
41. 기한의 이익은 포기할 수 있지만, 상대방의 이익을 해하지 못한다.
42. 이자의 약정이 있는 금전소비대차의 경우 채무자가 그 기한의 이익을 포기할 경우, 채권자에게 이행기까지의 이자를 지급하여야 한다.
43. 채무자가 담보를 손상하게 한 때에 그는 기한의 이익을 주장하지 못한다.
44. 기한이익 상실의 특약은 특별한 사정이 없다면 형성권적 기한이익 상실의 특약으로 추정한다.
45. 형성권적 기한이익 상실의 특약이 있는 할부채무에 있어서 원칙적으로 1회의 불이행이 있으면 채권자가 잔존 채무 전액의 변제를 구하는 취지의 의사를 표시한 경우에 한하여 전액에 대한 소멸시효가 불이행 시부터 진행한다.

제3절 ▎기간

의의	기간이란, 어느 시점에서 다른 시점까지 계속된 시간을 말한다('기일'은 어느 특정 시점).
적용범위	제155조【본장의 적용범위】기간의 계산은 법령, 재판상의 처분 또는 법률행위에 다른 정한 바가 없으면 본장의 규정에 의한다.

계산방법			
	자연적 계산방법	• 자연의 시간 흐름을 순간에서 순간까지 계산하는 방법 • 이상적이기는 하나 입증이 불편하고 법적안정성을 해할 위험이 있다.	
	역법적 계산방법	• 역에 따른 계산의 방법 • 입증이 편한 장점이 있다.	
	시·분·초로 정한 때	기간을 시, 분, 초로 정한 때에는 즉시로부터 기산한다(자연적).	
	일·주·월·연으로 정한 때	기산점	① 원칙: 초일불산입 ② 예외: 초일산입 • 기간이 오전 영시로부터 시작하는 때 • 나이의 계산 • 법령이나 당사자 의사로 달리 정한 때

만료점	• 기간 말일의 종료로 기간이 만료한다. • 최종의 월에 해당 일이 없는 때에는 그 월의 말일로 기간이 만료한다. • 기간의 말일이 토요일 또는 공휴일(임시공휴일 포함)에 해당한 때에는 기간은 그 익일로 만료한다. • 정년이 60세라는 의미는 만 60세에 도달하는 날을 말하는 것이지 만 60세가 만료되는 날을 의미하는 것은 아니다(다음 해 생일 아님).
기간의 역산	민법의 기간계산 방법은 일정한 기산일로부터 소급하여 과거에 역산되는 기간에도 준용된다.

핵심빈출 정지문

1. 기간의 계산에 관한 민법 규정은 임의규정이다.
2. 민법의 기간에 관한 규정은 사법뿐만 아니라 공법관계에도 일반적으로 적용된다.
3. 기간을 일, 주, 월 또는 년으로 정한 때에는 원칙적으로 기간의 초일은 산입하지 아니한다.
4. 연령을 계산할 때 또는 0시부터 기산할 때에는 출생일을 산입하지 않는다.
5. 기간을 일, 주, 월 또는 년으로 정한 때에는 기간 말일의 개시로 만료한다.
6. 시, 분, 초를 단위로 하는 기간은 자연적 계산방법에 따라 즉시부터 계산한다.
7. 기간의 계산은 기산일로부터 소급하여 계산하는 역산의 경우에도 유추적용된다.
8. 계약 기간의 기산점을 오는 7월 1일부터 기산하여 주(週)로 정한 때에는 기간의 초일은 산입한다.
9. 기간의 말일이 토요일 또는 공휴일에 해당한 때에는 기간은 그 익일로 만료한다.
10. 초일이 공휴일이라 해서 다음 날부터 기간을 기산하는 것은 아니다.
11. 정년이 60세라 함은 만 60세에 도달하는 날을 말하는 것이라고 보는 것이 상당하다(60세가 종료하는 날이 아니다).
12. 2023년 6월 1일(목) 14시부터 2일간의 기간이 만료하는 때는 2023년 6월 5일 24시이다(말일이 토요일, 일요일이므로).
13. 2023년 6월 1일(목) 16시부터 72시간의 기간이 만료하는 때는 2023년 6월 4일 16시이다.
14. 2023년 4월 1일(토) 09시부터 2개월의 기간이 만료하는 때는 2023년 6월 1일 24시이다.
15. 2004년 5월 16일(일) 오전 7시에 태어난 사람은 2023년 5월 16일 0시에 성년자가 된다.
16. 민법 제157조의 초일불산입의 원칙은 임의규정이므로 당사자의 합의로 달리 정할 수 있다.
17. 내년 6월 1일부터 '4일 동안'이라고 하는 경우에 그 기산점은 내년 6월 1일이다.
18. 어느 기간의 말일인 6월 4일이 토요일이고 6월 6일이 공휴일인 경우, 그 기간은 6월 7일에 만료한다.
19. 사단법인의 사원총회일이 2016.7.19. 10시인 경우 늦어도 7.12. 0시까지 사원에게 총회소집의 통지를 발신하면 된다.

제4절 ┃ 소멸시효

Ⅰ. 서설

의의	시효	일정한 사실상태가 일정 기간 동안 계속된 경우 그 사실상태를 존중하여 진실한 권리관계에 합치하는지 여부를 묻지 않고 일정한 법률효과를 발생시키는 제도(취득, 소멸, 공소)	
	소멸시효	• 권리의 불행사라는 사실상태가 일정 기간 계속된 경우 그 권리의 소멸을 인정하는 제도(권리행사 태만의 제재, 권리 위에 잠자는 자는 보호하지 않는다) • 소멸시효는 편면적 강행규정으로 채무자에게 불리한 변경은 그 효력이 없으나, 채무자에게 유리한 변경은 허용된다.	
소멸시효와 제척기간	구분	소멸시효	제척기간
	의의	권리자의 권리행사 태만에 대한 제재를 위해 그 권리를 소멸케 하는 제도(권리의 행사기간)	법률관계의 조속한 확정을 위해 법률이 규정하고 있는 존속기간(권리의 존속기간)
	구별기준	법문에 "시효가 완성한다.", "시효로 인하여 소멸한다." 등으로 규정되어 있으면 소멸시효로 본다. 반면 제척기간은 법문에 "행사하여야 한다." 등으로 표현되어 있는데 이를 보고 원칙적으로 양자를 구별한다.	
	대상	재산권(채권, 지역권 등)	형성권, 점유보호청구권, 상소회복청구권 등
	단축 등	소멸시효이익의 사전 포기, 소멸시효의 배제·연장·가중은 허용되지 않으나, 이를 단축·경감은 할 수 있고, 완성 후 시효이익의 포기는 할 수 있다.	부정
	소송상	변론주의 사항(당사자 주장·입증)	직권조사사항(법원)
	기산점	권리행사가 가능한 때	권리가 발생한 때
	중단·정지	긍정	부정
	소급효	기산일에 소급하여 소멸	제척기간이 경과한 때부터 소멸
	경합	긍정(매도인에 대한 하자담보에 기한 손해배상청구권은 제582조 제척기간이 적용되고 동시에 제162조 제1항의 소멸시효가 적용된다)	

Ⅱ. 소멸시효의 요건(대상적격, 기산점, 시효기간)

1. 대상적격

조문	제162조【채권, 재산권의 소멸시효】① 채권은 10년간 행사하지 아니하면 소멸시효가 완성한다. ② 채권 및 소유권 이외의 재산권은 20년간 행사하지 아니하면 소멸시효가 완성한다.	
채권 및 채권적 청구권	채권 또는 채권적 청구권은 소멸시효에 걸린다. • 매매계약에 의한 소유권이전등기청구권은 매수인이 점유하고 있는 한 시효가 진행되지 않는다. • 매수인이 보다 적극적인 권리행사의 일환으로 그 점유를 승계해준 경우도 시효가 진행하지 않는다.	
	매매에 기한 소유권 이전등기청구권	점유취득시효 완성에 기한 소유권 이전등기청구권
	• 소멸시효 대상 ○ • 매수인이 점유계속: 소멸시효 진행 × • 점유이전한 경우: 소멸시효 진행 × • 양도제한 ○	• 소멸시효 대상 ○ • 완성자가 점유계속: 소멸시효 진행 × • 점유상실한 경우: 그때부터 시효진행 ○ • 양도제한 ×

채권 이외의 재산권		
	소유권	• 절대성, 항구성의 성질에 따라 소멸시효에 걸리지 않는다. • 소유권에 기한 물권적 청구권(제213조, 제214조)도 소멸시효에 걸리지 않는다.
	점유권, 유치권	소멸시효의 대상이 될 여지가 없다.
	지상권, 지역권, 전세권	소멸시효의 대상이 된다. 다만, 전세권은 그 존속기간이 10년을 넘지 못하므로(제312조 제1항) 사실상 소멸시효에 걸리는 일은 없다.
	담보물권	채권을 담보하기 위해 존재하는 것이므로, 부종성에 의해 소멸할 뿐 담보물권만이 독립하여 소멸시효에 걸리지 않는다.
	형성권	• 소멸시효의 대상이 아닌 제척기간의 적용을 받는다. • 별도의 규정이나 당사자 사이에 약정이 없다면 10년의 제척기간 적용을 받는다.
	원상회복 청구권	• 부동산 매도인의 해제에 기한 원상회복청구권은 물권적 청구권이므로 소멸시효 대상이 아니다. • 부동산 매수인의 해제에 기한 원상회복청구권은 매매대금의 반환을 구하는 채권적 청구권이므로 소멸시효의 대상이 된다.

2. 기산점

조문	제166조【소멸시효의 기산점】① 소멸시효는 권리를 행사할 수 있는 때로부터 진행한다. ② 부작위를 목적으로 하는 채권의 소멸시효는 위반행위를 한 때로부터 진행한다.		
기산점	원칙	• 권리를 행사할 수 있을 때란 권리를 행사하는 데 있어 법률상의 장애가 없는 때를 말한다. • 사실상 장애(채권자의 부지, 채무자의 부재 등)가 있어도 시효는 진행한다.	
	예외	권리자가 권리의 발생 여부를 알기 어려운 객관적 사정이 있고 권리자가 과실 없이 알지 못하는 경우 기산점으로 삼을 수 없다.	
구체적 판단	구분	소멸시효 기산점	이행지체시기
	확정기한부	기한이 도래한 때	기한이 도래한 때(다음 날)
	불확정기한부	객관적으로 기한이 도래한 때	• 채무자가 기한도래를 안 때 • (모르더라도) 이행청구를 받은 때
	기한을 정하지 않은 채무	• 원칙: 채권성립 시 • 소비대차: 최고할 수 있는 때로부터 상당기간 경과 시	• 원칙: 이행청구를 받은 때 • 소비대차: 최고 후 상당기간 경과 시
	채무불이행에 의한 손해배상청구권	채무불이행 시 (시효기간은 원채권을 따른다)	이행청구 받은 때 (기한을 정하지 않은 채무)
	불법행위에 의한 손해배상청구권	• 손해 및 가해자 안 날로부터 3년 • 불법행위를 한 날로부터 10년	손해배상채무의 성립 시(청구 불요)
	정지조건부	조건성취 시	조건성취 후 채무자가 이행청구받은 때
	부당이득반환	부당이득의 날	이행청구받은 때
	부작위목적	위반행위를 한 때	
	선택채권	선택권을 행사할 수 있을 때	
	대상청구권	• 원칙: 이행불능 시 • 예외: 보상금지급을 청구할 수 있는 방법이 마련된 때	
	계속적 거래채권	개별 거래로 인한 각 외상대금채권이 발생한 때	
	기한이익상실특약	• 정지조건부: 사유발생 시 • 형성권적: 이행청구 시	

3. 시효기간

1년	• 여관, 음식점, 대석, 오락장의 숙박료, 음식료, 대석료, 입장료, 소비물의 대가 및 체당금의 채권 • 의복, 침구, 장구 기타 동산의 사용료의 채권 • 노역인, 연예인의 임금 및 그에 공급한 물건의 대금채권 • 학생 및 수업자의 교육, 의식 및 유숙에 관한 교주, 숙주, 교사의 채권
3년	• 이자(지연손해금 ×), 부양료, 급료, 사용료 기타 1년 이내의 기간으로 정한 금전(변제기가 1년의 의미 ×) 또는 물건의 지급을 목적으로 한 채권 • 의사, 조산사, 간호사 및 약사의 치료, 근로 및 조제에 관한 채권 • 변호사, 변리사, 공증인, 공인회계사 및 법무사의 직무에 관한 채권 또는 직무상 보관한 서류의 반환을 청구하는 채권(세무사 ×) • 도급받은 자, 기사 기타 공사의 설계 또는 감독에 종사하는 자의 공사에 관한 채권 • 생산자 및 상인이 판매한 생산물 및 상품의 대가, 수공업자 및 제조자의 업무에 관한 채권
5년	상행위로 생긴 상사채권
10년	일반채권
20년	채권 및 소유권 이외의 재산권
적용기준	• 2 이상의 규정의 적용을 받는 경우 단기의 시효기간으로 인정된다(예 상인의 물품대금채권은 5년이 아닌 3년의 기준을 적용받는다). • 채무불이행에 의한 손해배상청구권은 원래의 급부가 변형한 것에 불과하므로 원채권의 시효기간을 따른다.
시효기간의 연장	제165조【판결등에 의하여 확정된 채권의 소멸시효】① 판결에 의하여 확정된 채권은 단기의 소멸시효에 해당한 것이라도 그 소멸시효는 10년으로 한다. ② 파산절차에 의하여 확정된 채권 및 재판상의 화해, 조정 기타 판결과 동일한 효력이 있는 것에 의하여 확정된 채권도 전항과 같다. ③ 전2항의 규정은 판결확정 당시에 변제기가 도래하지 아니한 채권에 적용하지 아니한다.

	변론주의 적용	변론주의 미적용
소멸시효와 변론주의	① 소멸시효의 기산점 ② 시효의 중단 ③ 소멸시효의 완성	소멸시효기간
	법원은 당사자의 주장·증명이 있는 경우에 한해서 고려하고, 주장이 없다면 판단을 할 필요가 없다.	당사자에게 주장·증명책임이 없으므로, 법원은 당사자 주장에 구애받지 않고 직권으로 그 기간이 얼마인지 판단할 수 있다.

핵심빈출 정지문

1. 제척기간은 일정한 권리에 관하여 법률이 미리 정하고 있는 존속기간으로서, 그 기간 내에 권리를 행사하지 않으면 그 권리는 소멸한다.
2. 소멸시효에는 소급효가 있으나 제척기간에는 소급효가 없다.
3. 소멸시효는 당사자가 시효완성 사실을 원용할 때 고려되지만, 제척기간은 법원의 직권조사사항이다.
4. 소멸시효에는 중단이 인정되지만 제척기간에는 중단이 있을 수 없다.
5. 소멸시효는 소멸시효이익의 사전포기, 소멸시효의 배제·연장·가중은 허용되지 않으나 이를 단축·경감시킬 수는 있다. 제척기간에는 이러한 적용이 없다.

6. 소멸시효와 제척기간은 당사자의 약정으로 그 기간을 연장할 수 없으나, 소멸시효는 법률행위에 의하여 그 기간을 단축·경감할 수 있고, 제척기간은 할 수 없다는 점에서 다르다.
7. 제척기간은 그 기간의 경과 자체만으로 곧 권리 소멸의 효과를 가져오게 하는 것이므로 그 기간 진행의 기산점은 특별한 사정이 없는 한 원칙적으로 권리가 발생한 때이다.
8. 소멸시효의 이익은 시효완성 후 포기할 수 있으나, 제척기간의 경우에는 기간의 도과로 권리가 당연히 소멸하므로 포기가 인정되지 않는다.
9. 제척기간(또는 소멸시효)이 완성된 채권이 그 완성 전에 상계할 수 있었던 것이면 채권자는 이를 자동채권으로 하여 상대방의 채권과 상계할 수 있다.
10. 소멸시효는 권리를 행사할 수 있을 때, 제척기간은 권리가 발생한 때를 원칙적인 기산점으로 한다.
11. 취소권은 추인할 수 있는 날로부터 3년, 법률행위를 한 날로부터 10년 내에 행사하여야 하는데, 이 기간은 제척기간이다(출소기간이 아니므로 재판상, 재판 외 행사할 수 있다).
12. 채권과 채권적 청구권은 10년의 소멸시효에 걸린다.
13. 소유권은 그 절대성, 항구성의 성질에 따라 소멸시효에 걸리지 않고, 소유권에 기한 물권적 청구권(예 말소등기청구권, 대지인도 건물철거청구권 등)도 걸리지 않는다.
14. 점유권은 시효에 걸리지 않는다.
15. 해제(또는 합의해제)에 따른 매도인의 원상회복청구권은 소유권에 기한 물권적 청구권으로서 소멸시효의 대상이 되지 않는다.
16. 매매계약에 기한 부동산 소유권이전등기청구권은 채권적 청구권이므로 10년의 소멸시효에 걸린다.
17. 매수인이 목적부동산을 인도받아 계속 점유하고 있다면 그 소유권이전등기청구권의 소멸시효는 진행하지 않는다.
18. 지역권은 존속기간에 대한 규정이 없지만 20년간 행사하지 않으면 소멸시효가 완성된다.
19. 권리를 행사할 수 있을 때(제166조 제1항)란, 권리행사에 법률상의 장애사유가 없는 경우를 가리킨다.
20. 권리자가 사실상 권리의 존부나 권리행사의 가능성을 알지 못하였고 그 알지 못함에 과실이 없는 경우라 하더라도 이는 법률상 장애로 볼 수 없어 소멸시효가 진행하지 않는 것으로 볼 수 없다.
21. 건물에 관한 소유권이전등기청구권에 있어서 그 목적물인 건물이 완공되지 아니하였다는 사유는 법률상 장애사유이다. 따라서 건물이 완공된 때로부터 소멸시효가 진행한다.
22. 부동산에 대한 매매대금채권이 소유권이전등기청구권과 동시이행의 관계에 있다면 매매대금청구권은 이행기부터 소멸시효가 진행한다.
23. 조건이 성취되지 않았거나 기한이 도래하지 않았다면 권리행사의 법률상 장애가 있으므로 소멸시효가 진행하지 않는다.
24. 실제의 소멸시효 기산일과 당사자가 주장하는 기산일이 서로 다른 경우, 법원은 당사자가 주장하는 기산일을 기준으로 소멸시효를 계산하여야 한다(변론주의 대상 / TIP 소멸시효의 기간은 직권조사사항).
25. 어떤 권리의 소멸시효기간이 얼마나 되는지에 관한 주장은 단순한 법률상의 주장에 불과하여 변론주의의 적용 대상이 되지 않으므로 법원이 직권으로 판단할 수 있다.
26. 정지조건부 권리는 조건이 성취한 때부터 시효가 진행된다.
27. 확정기한부 채권은 그 기한이 도래한 때부터 소멸시효가 진행한다.
28. 불확정기한부 채권은 기한이 객관적으로 도래한 때부터 소멸시효가 진행된다.
29. 기한의 정함이 없는 채권은 채권이 성립한 때로부터 소멸시효가 진행한다.
30. 부당이득반환청구권은 그 성립과 동시에 행사할 수 있으므로, 성립 시부터 소멸시효가 진행한다.
31. 반환시기의 약정이 없는 때에는 대주는 상당한 기간을 정하여 반환을 최고하여야 하므로 최고 후 상당기간이 경과한 시점이 소멸시효의 기산점이 된다.
32. 부작위를 목적으로 하는 채권은 위반행위를 한 때로부터 소멸시효가 진행된다.
33. 계속적 물품공급계약에 기하여 발생한 외상대금채권은 특별한 사정이 없는 한 개별 거래로 인한 각 외상대금채권이 발생한 때로부터 개별적으로 소멸시효가 진행하는 것이지, 거래 종료일로부터 외상대금채권 총액에 대하여 한꺼번에 소멸시효가 기산한다고 할 수 없다.
34. 민법 제163조 제2호의 치료비채권에 있어서는 특약이 없는 한 그 개개의 진료가 종료될 때마다 각각의 당해 진료에 필요한 비용의 이행기가 도래하여 그에 대한 소멸시효가 진행된다.

35. 선택채권은 선택권을 행사할 수 있을 때로부터 소멸시효가 진행한다.
36. 채무불이행에 의한 손해배상청구권의 소멸시효는 계약체결 시가 아닌 채무불이행 시부터 진행한다.
37. 이행불능으로 인한 손해배상청구권은 이행불능이 된 때로부터 소멸시효가 진행한다.
38. 부동산 소유권이전채무의 이행불능으로 인하여 매수인이 매도인에 대하여 갖게 되는 손해배상채권의 소멸시효는 이행불능 시부터 소멸시효가 진행된다.
39. 공동불법행위자 상호 간의 구상권의 소멸시효의 기산점은 구상권이 발생한 시점, 즉 구상권자가 현실로 피해자에게 손해배상금을 지급한 때이다.
40. 보증인의 주채무자에 대한 사전구상권과 사후구상권의 소멸시효는 각각 그 권리가 발생되어 이를 행사할 수 있는 때로부터 각각 진행한다.
41. 공사도급계약에서 소멸시효의 기산점이 되는 보수청구권의 지급시기는 특약이나 관습이 없으면 공사를 마친 때이다.
42. 어떤 채권이 1년의 단기소멸시효에 걸린다 하여, 그 채권의 발생원인이 된 계약에 기하여 상대방이 가지는 반대채권도 당연히 1년의 단기소멸시효에 걸리는 것은 아니다.
43. 음식점의 음식대금채권의 소멸시효는 1년이다.
44. 건축신축공사도급계약에서 수급인의 도급인에 대한 저당권설정등기청구권의 소멸시효기간은 3년이다.
45. 금전채무의 이행지체로 인하여 발생하는 지연손해금은 3년의 단기 소멸시효의 대상이 아니다.
46. 세무사에 관한 채권은 3년의 단기소멸시효 대상이 아니다(10년).
47. 1개월 단위로 지급되는 아파트관리비 채권은 민법 제163조 제1호에서 3년의 단기소멸시효에 걸리는 것으로 규정한 1년 이내의 기간으로 정한 채권에 해당한다.
48. 상인이 판매한 상품의 대가는 3년의 소멸시효에 걸린다(상사시효는 5년이지만 민사시효가 짧으므로).
49. 판결에 의하여 확정된 채권은 단기의 소멸시효에 해당하는 것이라도 그 소멸시효는 10년으로 한다.
50. 채권자와 주채무자 사이에 확정판결이 있어 주채무자의 시효기간이 연장되었다 하더라도, 보증채무에는 아무런 영향이 없다.

III. 소멸시효의 중단

1. 서설

의의	조문	제168조 【소멸시효의 중단사유】 소멸시효는 다음 각 호의 사유로 인하여 중단된다. 1. 청구 2. 압류 또는 가압류, 가처분 3. 승인
		소멸시효의 진행 중에 권리불행사라는 소멸시효의 기초가 되는 사실을 깨뜨리는 사정이 발생한 경우, 이미 경과한 시효기간의 효력은 소멸되고 중단사유가 종료한 때로부터 다시 소멸시효의 기간을 진행하게 하는 제도
중단 사유		① 청구(재판상 청구, 파산절차 참가, 지급명령, 화해를 위한 소환, 임의출석, 최고) ② 압류 또는 가압류, 가처분 ③ 승인

2. 청구

재판상 청구	조문	제170조【재판상의 청구와 시효중단】① 재판상의 청구는 소송의 각하, 기각 또는 취하의 경우에는 시효중단의 효력이 없다. ② 전항의 경우에 6월 내에 재판상의 청구, 파산절차참가, 압류 또는 가압류, 가처분을 한 때에는 시효는 최초의 재판상 청구로 인하여 중단된 것으로 본다.
	의의	• 자기 권리를 재판상 주장하는 것을 말한다. • 권리자가 재판상 그 권리를 주장하여 권리 위에 잠자는 것이 아님을 표명한 때에는 시효중단사유인 재판상 청구에 해당한다.
	구체적 판단	• 민사소송이면 충분(본소, 반소, 이행의 소, 형성의 소, 재심의 소, 지급명령의 신청 등 모두 포함) • 대항요건 갖추지 못한 채권양수인의 양수금청구소송도 인정 • 형사소송은 원칙적으로 해당되지 않음(배상명령신청은 해당) • 행정소송 중 기본적 법률관계에 관한 확인청구는 중단사유에 해당(과세처분 취소의 소) • 시효를 중단시키기 위한 재판상의 청구가 있다는 점에 대하여만 확인을 구하는 형태의 '새로운 방식의 확인소송'이 허용
	물적 범위	• 기본적 법률관계 확인청구 → 개개의 권리 중단(예 파면처분무효확인의소 → 임금채권 시효중단) • 근저당권설정등기청구 → 피담보채권 중단 • 어음채권청구 → 원인채권 중단 • 일부청구 → 일부만 중단(단, 취지상 전부청구로 볼 수 있는 경우 전부 중단) • 채권자대위청구 → 피대위채권 중단(대위권행사 통지하면 압류의 효력으로 피보전채권 중단효) • 사해행위취소의 소 → 피보전채권 중단 ×
	응소	• 채무자가 제기한 소송에서 • 채권자가 적극적으로 자신의 권리 주장하여(답변서 제출 등으로 응소) • 채권자가 승소하였다면 답변서 제출 시 시효는 중단된다.
	효과	제170조【재판상의 청구와 시효중단】① 재판상의 청구는 소송의 각하, 기각 또는 취하의 경우에는 시효중단의 효력이 없다. ② 전항의 경우에 6월 내에 재판상의 청구, 파산절차참가, 압류 또는 가압류, 가처분을 한 때에는 시효는 최초의 재판상 청구로 인하여 중단된 것으로 본다. **발생시기**: 소장을 제출할 때(이송한 경우 이송한 법원에 소제기한 때) **중단효과의 소멸 및 부활**: 소의 각하·기각 또는 취하 시 중단효력 없음(최고의 효력은 있음)
파산절차 참가		제171조【재판상의 청구와 시효중단】 파산절차참가는 채권자가 이를 취소하거나 그 청구가 각하된 때에는 시효중단의 효력이 없다.
지급명령		제172조【지급명령과 시효중단】 지급명령은 채권자가 법정기간 내에 가집행신청을 하지 아니함으로 인하여 그 효력을 잃은 때에는 시효중단의 효력이 없다.
화해소환		제173조【화해를 위한 소환, 임의출석과 시효중단】 화해를 위한 소환은 상대방이 출석하지 아니하거나 화해가 성립되지 아니한 때에는 1월 내에 소를 제기하지 아니하면 시효중단의 효력이 없다. 임의출석의 경우에 화해가 성립되지 아니한 때에도 그러하다.

최고	제174조【최고와 시효중단】최고는 6월 내에 재판상의 청구, 파산절차참가, 화해를 위한 소환, 임의출석, 압류 또는 가압류, 가처분을 하지 아니하면 시효중단의 효력이 없다.	
	의의	채권자가 채무자에게 의무의 이행을 구하는 의사를 통지하는 행위이다(의사의 통지 ; 준법률행위).
	효과	• 상대방에게 도달한 때 임시수단으로서의 시효중단의 효과가 발생 • 6개월 내에 재판상 청구 등의 별도의 조치가 있다면 소급효가 있으므로 실질적으로 시효기간을 6개월 연장하는 효과를 가져온다. • 최고를 여러 번 거듭하다가 재판상 청구 등을 한 경우에 시효중단의 효력은 청구로부터 역산하여 6개월 내에 있는 최고 시로 소급한다.

3. 압류 · 가압류 · 가처분

조문	제175조【압류, 가압류, 가처분과 시효중단】압류, 가압류 및 가처분은 권리자의 청구에 의하여 또는 법률의 규정에 따르지 아니함으로 인하여 취소된 때에는 시효중단의 효력이 없다. 제176조【압류, 가압류, 가처분과 시효중단】압류, 가압류 및 가처분은 시효의 이익을 받은 자에 대하여 하지 아니한 때에는 이를 그에게 통지한 후가 아니면 시효중단의 효력이 없다.
의의	• 압류는 금전채권의 실행을 확보하기 위하여 집행기관의 확정판결 기타 집행권원에 의거하여 채무자의 재산 처분을 금지하는 강제집행의 첫 단계이다. • 압류, 가처분은 강제집행이 불가능하거나 곤란하게 될 염려가 있는 경우에 강제집행을 보전하기 위해 취해지는 수단이다. • 집행을 신청한 때 소급하여 시효중단의 효력이 발생한다.
요건	• 가압류 등이 유효할 것 • 가압류 등이 집행될 것 • 취소가 되지 않을 것 • 가압류 등이 시효이익을 받을 자에게 할 것 강제집행절차: 신청 → 결정 → 착수 → 완료 • 배당요구는 압류에 준하는 것으로서 소멸시효를 중단할 수 있다. • 사망한 사람을 피신청인으로 한 가압류 신청 등 당연무효의 집행신청은 소멸시효 중단사유가 아니다. • 채무자의 주소불명 등으로 집행에 착수하지 못한 때에는 시효중단의 효과가 소급적으로 소멸된다. • 집행에 착수는 하였으나 후에 집행불능상태가 되었다면 시효중단 효력에는 영향이 없다. • 경매신청을 취하하게 되면 압류의 효력도 소멸되고 결국 시효중단의 효력이 없다. • 제3자(물상보증인, 제3취득자 등)에 대한 압류는 채무자에게 통지한 때에 한하여 시효중단의 효력이 발생한다.
효과	• 집행을 신청한 때 소급하여 시효중단의 효력이 발생하고 집행절차 종료 시로부터 다시 시효가 진행된다. • 가압류의 피보전채권에 관하여 본안의 승소판결이 확정되었다고 하더라도 가압류에 의한 시효중단의 효력이 이에 흡수되어 소멸된다고 할 수 없다.

4. 승인

조문	제177조【승인과 시효중단】시효중단의 효력 있는 승인에는 상대방의 권리에 관한 처분의 능력이나 권한 있음을 요하지 아니한다.	
의의	시효이익을 받을 당사자인 채무자가 소멸시효의 완성으로 권리를 상실하게 될 자에 대하여 그 권리가 존재함을 인식하고 있다는 뜻을 표시하는 것을 말한다(관념의 통지).	
요건	주관적	① 시효이익을 받을 자 및 그의 대리인이 시효의 완성으로 잃게 될 자 및 그의 대리인에게 승인할 수 있다. • 면책적 채무인수 ○ / 이행인수 × • 검사에게 승인해도 중단 × ② 승인은 처분권이 있음을 필요로 하지 않는다(관리능력은 필요). ③ 승인은 권리의 존재를 인식하면서 하여야 한다.
	시기적	① 소멸시효의 진행이 개시되기 전에 승인을 하더라도 시효가 중단되지 않는다(사전승인 ×). ② 시효완성된 후의 승인은 시효이익의 포기가 될 수 있으므로 승인을 하는 자는 처분권이 필요하다.
방법	묵시적 승인 가능하다. • 긍정: 채무자가 이자를 지급, 담보의 제공, 일부변제한 경우, 기한의 유예를 요청하는 것, 채무를 인수하는 것, 상계한 것 • 부정: 채무의 존부 및 범위에 관하여 채무자가 다투고 있는 상태에서 합의금 공탁한 것	
증명책임	• 승인이 있었다는 사실에 대한 증명책임은 이를 주장하는 채권자에게 있다. • 제3자가 승인을 한 경우 그에게 승인의 권한이 있는지에 다툼이 있는 경우에도 그 사실은 채권자가 증명해야 한다.	

구분	시효중단으로의 채무승인	시효이익의 포기
법적성격	관념의 통지(효과의사 不要)	상대방 있는 단독행위 / 처분행위
시기	시효진행~시효완성 전	시효완성 후 + 알고 + 포기의사
일부변제/ 기한유예요청	시효완성 전 일부변제는 묵시적 승인 (= 중단 ○)	시효완성 후 일부변제는 시효이익 포기
효과	승인한 때부터 새로이 소멸시효 진행	포기한 때부터 새로이 소멸시효 진행

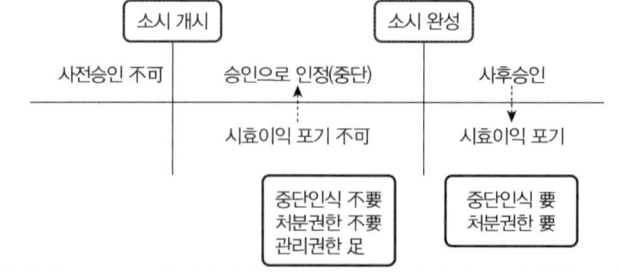

5. 시효중단의 효과

시효기간의 불산입	제178조【중단 후에 시효진행】① 시효가 중단된 때에는 중단까지에 경과한 시효기간은 이를 산입하지 아니하고 중단사유가 종료한 때로부터 새로이 진행한다. ② 재판상의 청구로 인하여 중단한 시효는 전항의 규정에 의하여 재판이 확정된 때로부터 새로이 진행한다.	
인적범위	원칙	시효중단은 당사자(청구권의 당사자가 아닌 중단행위의 당사자) 및 그 승계인 간에만 효력이 있다.
	예외	• 물상보증인의 재산에 대해 압류(가압류, 가처분)를 한 경우에 이를 채무자에게 통지하면 채무자에 대해서도 시효가 중단된다. • 어느 연대채무자에 대한 이행청구는 다른 연대채무자에게 시효중단의 효력이 있다. • 채무에 대한 시효중단은 보증인에 대하여 그 효력이 있다.

6. 소멸시효의 정지

의의	소멸시효의 진행을 일시적으로 멈추게 하고, 그러한 사정이 소멸했을 때 다시 나머지 기간을 진행시키는 것을 말한다.
제한능력자를 위한 정지	제179조【제한능력자의 시효정지】소멸시효의 기간만료 전 6개월 내에 제한능력자에게 법정대리인이 없는 경우에는 그가 능력자가 되거나 법정대리인이 취임한 때부터 6개월 내에는 시효가 완성되지 아니한다. 제180조【재산관리자에 대한 제한능력자의 권리, 부부 사이의 권리와 시효정지】① 재산을 관리하는 아버지, 어머니 또는 후견인에 대한 제한능력자의 권리는 그가 능력자가 되거나 후임 법정대리인이 취임한 때부터 6개월 내에는 소멸시효가 완성되지 아니한다.
혼인관계 종료에 의한 정지	제180조【재산관리자에 대한 제한능력자의 권리, 부부 사이의 권리와 시효정지】② 부부 중 한쪽이 다른 쪽에 대하여 가지는 권리는 혼인관계가 종료된 때부터 6개월 내에는 소멸시효가 완성되지 아니한다.
상속재산에 관한 정지	제181조【상속재산에 관한 권리와 시효정지】상속재산에 속한 권리나 상속재산에 대한 권리는 상속인의 확정, 관리인의 선임 또는 파산선고가 있는 때로부터 6월 내에는 소멸시효가 완성하지 아니한다.
사변에 의한 정지	제182조【천재 기타 사변과 시효정지】천재 기타 사변으로 인하여 소멸시효를 중단할 수 없을 때에는 그 사유가 종료한 때로부터 1월 내에는 시효가 완성하지 아니한다.

Ⅳ. 소멸시효 완성의 효과

1. 소멸시효의 완성

의의	판례는 "당사자의 원용이 없어도 시효완성의 사실로서 채무는 당연히 소멸한다."고 하면서 "소멸시효의 이익을 받겠다고 항변할 수 있는 자는 권리의 소멸에 의하여 직접 이익을 받는 자에 한정한다."는 입장을 함께 고수하고 있다.		
시효완성의 범위	인적 범위 (원용권자)	원칙	소멸시효의 완성을 원용할 수 있는 자는 권리의 소멸에 의하여 직접 이익을 받는 자에 한정된다
		소멸시효 완성 주장할 수 있는 자	소멸시효 완성 주장할 수 없는 자
		• 채무자, 연대채무자 • 보증인, 물상보증인 • 저당목적물의 제3취득자 • 사해행위취소소송에서 수익자	• 채권자대위권에서 제3채무자 • 일반채권자 • 후순위저당권자
	시적 범위	• 권리 소멸의 효과는 그 기산일에 소급한다. • 시효로 소멸하는 채권이 그 소멸시효(또는 제척기간)가 완성하기 전에 상계할 수 있었던 것이라면 채권자는 상계할 수 있다.	
	물적 범위	주된 권리의 소멸시효가 완성한 때에는 종속된 권리에 그 효력이 미친다. • 원본채권 소멸 ➜ 이자채권 소멸 • 원채권 소멸 ➜ 손해배상채권 소멸 • 피담보채권 소멸 ➜ 저당권 소멸	

2. 시효이익의 포기

의의	제184조 【시효의 이익의 포기 기타】 ① 소멸시효의 이익은 미리 포기하지 못한다. ② 소멸시효는 법률행위에 의하여 이를 배제, 연장 또는 가중할 수 없으나 이를 단축 또는 경감할 수 있다.
	소멸시효의 완성으로 생기는 법률상의 이익을 받지 않겠다는 당사자(채무자)의 의사표시를 말한다.
완성 전 포기	소멸시효가 완성하기 전에 미리 시효이익을 포기하는 것은 인정되지 않는다
완성 후 포기	• 포기자: 시효이익의 포기는 처분행위이므로 처분능력과 처분권한이 있어야 한다. • 상대방: 시효완성으로 권리를 상실할 지위에 있는 자에게 하여야 한다. • 의사표시: 시효이익의 포기에는 효과의사가 필요하므로 관념의 통지로 효과의사가 필요하지 않은 시효중단사유로서의 승인과 다르다. • 방식: 포기의 의사표시는 명시적, 묵시적 방식을 가리지 않는다. • 시효완성 사실의 인식: 시효이익의 포기는 시효완성의 사실을 알고서 하여야 한다. 판례는 태도를 바꾸어 채무자가 시효완성 후 채무를 승인한 경우 시효완성의 사실을 알고 그 이익을 포기한 것으로 추정할 수 없다고 하였다.
효과	• 시적 범위: 포기의 효과는 의사표시가 상대방에게 도달한 때에 발생한다. • 물적 범위: 채무자가 채무 중 일부를 변제하면 전부에 대하여 시효이익을 포기한 것으로 본다. • 인적 범위: 포기의 효과는 상대적이므로 주채무자의 시효이익 포기는 보증인 등에게 효력을 미치지 않는다.

보증과 소멸시효	주채무	→	보증채무	주채무	→	물상보증
	완성	→	완성	완성	→	완성
	중단	→	중단	중단	→	중단
	중단 ×	←	중단	중단	←	압류 + 통지
	연장	→	연장 ×	연장	→	연장
	포기	→	포기 ×	포기	→	포기 ×

3. 소멸시효의 남용

인정 여부	채무자의 소멸시효에 기한 항변권의 행사도 우리 민법의 대원칙인 신의성실의 원칙과 권리남용금지의 원칙의 지배를 받는다.
요건	• 채권자의 권리행사가 객관적으로 불가능했거나 채무자에 의해 현저하게 곤란할 것 • 시효완성 후에 채무자가 시효를 원용하지 아니할 것 같은 신뢰를 부여했을 것 • 채권자보호의 필요성이 클 것
효과	채무자가 소멸시효의 완성을 주장하는 것은 신의성실의 원칙에 반하는 권리남용이 된다.
제한	국가가 소멸시효의 완성을 주장하는 것 자체가 신의성실의 원칙에 반하여 권리남용에 해당한다고 할 수는 없다.

핵심빈출 정지문

1. 시효가 중단된 때에는 중단까지 경과한 시효기간은 이를 산입하지 아니하고 중단사유가 종료한 때부터 새로이 진행한다.
2. 권리자의 청구로 소멸시효가 중단된 경우 그때까지 경과된 기간은 시효기간에 산입되지 아니한다.
3. 재판상의 청구로 인하여 중단한 시효는 재판이 확정된 때로부터 새로이 진행한다.
4. 변론주의 원칙상 당사자의 주장이 없으면 법원은 소멸시효의 중단에 관하여 직권으로 판단할 수 없다.
5. 시효의 중단은 원칙적으로 당사자 및 그 승계인 사이에만 효력이 있다.
6. 채권자가 동일한 목적을 달성하기 위하여 복수의 채권을 가지고 있는 경우 특별한 사정이 없으면 그 중 하나의 채권을 행사한 것만으로는 다른 채권에 대한 시효중단의 효력은 없다.
7. 시효 중단사유인 재판상 청구는 민사소송만을 말하는데, 과세처분의 취소·무효확인을 구하는 소는 민사상 부당이득반환청구권에 관한 재판상 청구에 해당하므로 시효중단의 효력이 있다.
8. 피해자가 가해자를 상대로 고소를 하여 가해자에 대하여 형사재판이 개시되어 유죄판결이 확정되었다 하더라도 손해배상청구권에 관한 소멸시효가 중단되는 것은 아니다.
9. 재판상 청구를 한 소송이 이송된 경우에 소제기에 따른 소멸시효중단의 효력발생시기는 소송이 이송된 때가 아니고 이송한 법원에 처음 소가 제기된 때이다.
10. 유효한 가처분, 압류, 가압류는 소멸시효 중단사유 중의 하나이다(당연무효의 가압류 등은 중단효 ×).
11. 채권자가 물상보증인의 소유인 부동산에 경료된 근저당권을 실행하기 위하여 경매를 신청한 경우, 그 경매와 관련하여 채무자에게 압류사실이 통지된 경우에 채무자는 시효중단의 효력을 받는다.
12. 재판상의 청구가 있더라도 소송의 각하·기각·취하가 있으면 시효중단의 효력이 없다.
13. 지급명령신청도 시효중단사유이다.
14. 임의출석의 경우에 화해가 성립되지 아니한 때에는 1월 내에 소를 제기하지 아니하면 시효중단의 효력이 없다.
15. 파산절차참가는 채권자가 이를 취소한 때에는 시효중단의 효력이 없다.
16. 가압류에 의한 시효중단의 효력은 가압류의 집행보전의 효력이 존속하는 동안은 계속된다.
17. 가압류에 의한 시효중단 효력의 발생시기는 가압류를 신청한 때에 소급한다.

18. 채무자의 금전채권에 대하여 가압류가 행하여진 경우에 그 후 채권자의 신청에 의하여 그 집행이 취소되었다면 다른 특별한 사정이 없는 한 가압류에 의한 소멸시효 중단의 효과는 소급적으로 소멸된다.
19. 주채무자에 대한 시효의 중단은 보증인에 대하여 그 효력이 있다.
20. 채권자가 물상보증인이 담보로 제공한 부동산을 압류한 후, 채무자에게 통지한 후가 아니면 채무자에 대한 시효중단의 효력이 발생하지 않는다.
21. 대항요건을 갖추지 못한 채권양도의 양수인이 채무자를 상대로 재판상 청구를 하여도 시효중단사유인 재판상 청구에 해당하여 그 소멸시효는 중단된다.
22. 채권자가 채무자를 상대로 제기한 소송에서, 피고인 채무자에게 소송서류가 송달된 적이 없는 상태에서 판결이 선고되더라도 시효중단의 효력은 있다.
23. 시효를 주장하는 자의 소제기에 대하여 피고로서 응소하여 그 소송에서 적극적으로 권리를 주장하고 그것이 받아들여진 경우에는 시효중단의 효력이 있다.
24. 물상보증인이 채권자를 상대로 채무자의 채무가 모두 소멸하였다고 주장하면서 근저당권말소청구소송을 제기하였는데 채권자가 피고로서 응소하여 적극적으로 권리를 주장하고 받아들여진 경우에도 그 채권의 소멸시효는 중단되지 않는다.
25. 대항요건을 갖추지 못한 채권양도의 양수인이 채무자를 상대로 재판상 청구를 한 경우에도 시효는 중단된다.
26. 채권자가 최고를 여러 번 거듭하다가 재판상 청구를 한 경우, 시효중단의 효력은 재판상 청구를 한 시점을 기준으로 하여 이로부터 소급하여 6월 이내에 한 최고 시에 발생한다.
27. 채무자가 제기한 소에 채권자인 피고가 응소하여 권리를 주장하였으나, 그 소가 각하된 경우에 6개월 이내에 재판상 청구를 하면 응소 시에 소급하여 시효중단의 효력이 있다.
28. 채권자가 채무자에게 등기우편으로 이행청구(= 최고)를 한 경우, 법에서 정한 후속수단을 취하지 않으면 그 이행청구만으로는 시효가 중단되지 않는다.
29. 재판상의 청구를 하였다가 소를 취하한 경우, 최고의 효력은 있다.
30. 시효중단의 효력이 있는 승인에는 상대방의 권리에 관한 처분의 능력이나 권한 있음을 요하지 않는다.
31. 비법인사단이 총유물을 매도한 후 그 대표자가 매수인에게 소유권이전등기의무에 대하여 시효중단의 효력이 있는 승인을 하는 경우에 있어 사원총회의 결의를 거치지 아니하였다면 그 승인은 무효이다(매매에 대한 결의가 있었으면 후에 채무부담과 이행을 승인하는 결의까지 포함된 것으로 본다).
32. 면책적 채무인수는 소멸시효의 중단사유인 채무승인에 해당하므로 면책적 채무인수가 있는 경우 인수채무의 소멸시효기간은 채무인수일로부터 새로이 진행한다.
33. 검사작성 피의자신문조서의 진술기재 가운데 채무의 일부를 승인하는 의사표시가 있다 하더라도 소멸시효 중단사유로서 승인의 의사표시가 있는 것으로 볼 수 없다.
34. 현존하지 않는 장래의 채권을 미리 승인하는 것은 채무자가 그 권리의 존재를 인식하고서 한 것이라 볼 수 없어 허용되지 않는다.
35. 동일한 당사자 사이에 계속적 거래관계로 인한 수개의 금전채무가 있고, 채무자가 그 채무 전액을 변제하기에는 부족한 금액으로 채무의 일부를 변제하는 경우에 그 수 개의 채무 전부에 관하여 시효중단의 효력이 발생하는 것이 원칙이다.
36. 물품대금의 지급을 확보하기 위해 어음을 교부받은 경우, 어음청구의 소를 제기하면 물품대금채권의 소멸시효도 중단된다.
37. 채무불이행으로 인한 손해배상청구권에 대한 소멸시효 항변이 불법행위로 인한 손해배상청구권에 대한 소멸시효 항변을 포함한 것이라고 볼 수는 없다.
38. 채무자는 소멸시효 완성 전에 시효이익을 포기할 수 없다.
39. 소멸시효의 이익은 시효가 완성한 뒤에는 포기할 수 있다.
40. 채무자가 소멸시효 완성 후 채무를 일부변제나 승인을 하였다 하더라도 이것이 곧 시효완성의 사실을 알고 그 이익을 포기한 것이라고 추정할 수는 없다.
41. 채무자가 소멸시효 완성 후에 채권자에 대하여 채무를 승인함으로써 그 시효의 이익을 포기한 경우에는 그때부터 새로이 소멸시효가 진행한다.

42. 보증채무에 대한 소멸시효가 중단되었다 하더라도 이로써 주채무에 대한 소멸시효가 중단되는 것은 아니다.
43. 주채무에 대한 소멸시효가 완성된 경우, 보증채무도 당연히 소멸한다.
44. 주채무자의 시효이익 포기는 보증인에게 효력이 없다.
45. 시효이익의 포기는 상대적 효력만 있으므로 채무자가 시효이익을 포기하였다 하더라도 담보가등기가 경료된 부동산을 양수하여 소유권이전등기를 마친 자는 독자적으로 시효이익을 주장할 수 있다.
46. 천재 기타 사변으로 인하여 소멸시효를 중단할 수 없을 때에는 그 사유가 종료한 때로부터 1월 내에는 시효가 완성하지 않는다.
47. 주된 권리의 소멸시효가 완성한 때에는 종속된 권리에 그 효력이 미친다.
48. 물상보증인은 채권자에 대하여 유한책임을 지고 있으므로 그 소멸시효의 완성을 주장할 수 있다.
49. 소멸시효가 완성된 경우, 채무자에 대한 일반채권자는 채무자를 대위하여 소멸시효를 주장할 수 있을 뿐, 독자적으로 채권자의 지위에서 소멸시효의 주장을 할 수 없다.
50. 원본채권의 지분적 이자채권의 소멸시효에 앞서 완성되면 지분적 이자채권은 그 자체의 소멸시효가 완성되지 않았더라도 소멸한다.
51. 소멸시효 완성의 이익 포기는 채무자뿐만 아니라 그 대리인에 의하여 행해질 수 있다.
52. 채무자가 소멸시효 완성 후에 채권자에 대하여 채무를 승인함으로써 그 시효의 이익을 포기한 경우에는 그때부터 새로이 소멸시효가 진행한다.
53. 국가에게 국민을 보호할 의무가 있다는 사유만으로 국가가 소멸시효의 완성을 주장하는 것 자체가 신의성실의 원칙에 반하여 권리남용이 된다고 볼 수 없다.
54. 시효기간 만료로 인한 권리의 소멸은 시효의 이익을 받은 자가 시효완성의 항변을 하지 않으면 그 의사에 반하여 재판할 수 없다.
55. 시효를 원용할 수 있는 사람은 권리의 소멸에 의하여 직접 이익을 받는 사람에 한정된다.
56. 시효가 완성된 채권의 시효이익을 채무자가 포기하면 포기한 때로부터 그 채권의 시효가 새로 진행된다.
57. 시효는 그 기산일에 소급하여 효력이 생긴다.

Memo

2026 대비 최신판

해커스행정사
박결
민법총칙 1차 핵심요약집

초판 1쇄 발행 2025년 8월 25일

지은이	박결
펴낸곳	해커스패스
펴낸이	해커스행정사 출판팀
주소	서울특별시 강남구 강남대로 428 해커스행정사
고객센터	1588-2332
교재 관련 문의	publishing@hackers.com
	해커스행정사 사이트(adm.Hackers.com) 1:1 무료상담
	카카오톡 채널 [해커스행정사]
동영상강의	adm.Hackers.com
ISBN	979-11-7404-401-3 (13360)
Serial Number	01-01-01

저작권자 ⓒ 2025, 박결
이 책의 모든 내용, 이미지, 디자인, 편집 형태는 저작권법에 의해 보호받고 있습니다. 서면에 의한 저자와 출판사의 허락 없이 내용의 일부 혹은 전부를 인용, 발췌하거나 복제, 배포할 수 없습니다.

한 번에 합격!
해커스행정사 adm.Hackers.com

해커스행정사

- 박결 교수님의 **본 교재 인강** (교재 내 할인쿠폰 수록)